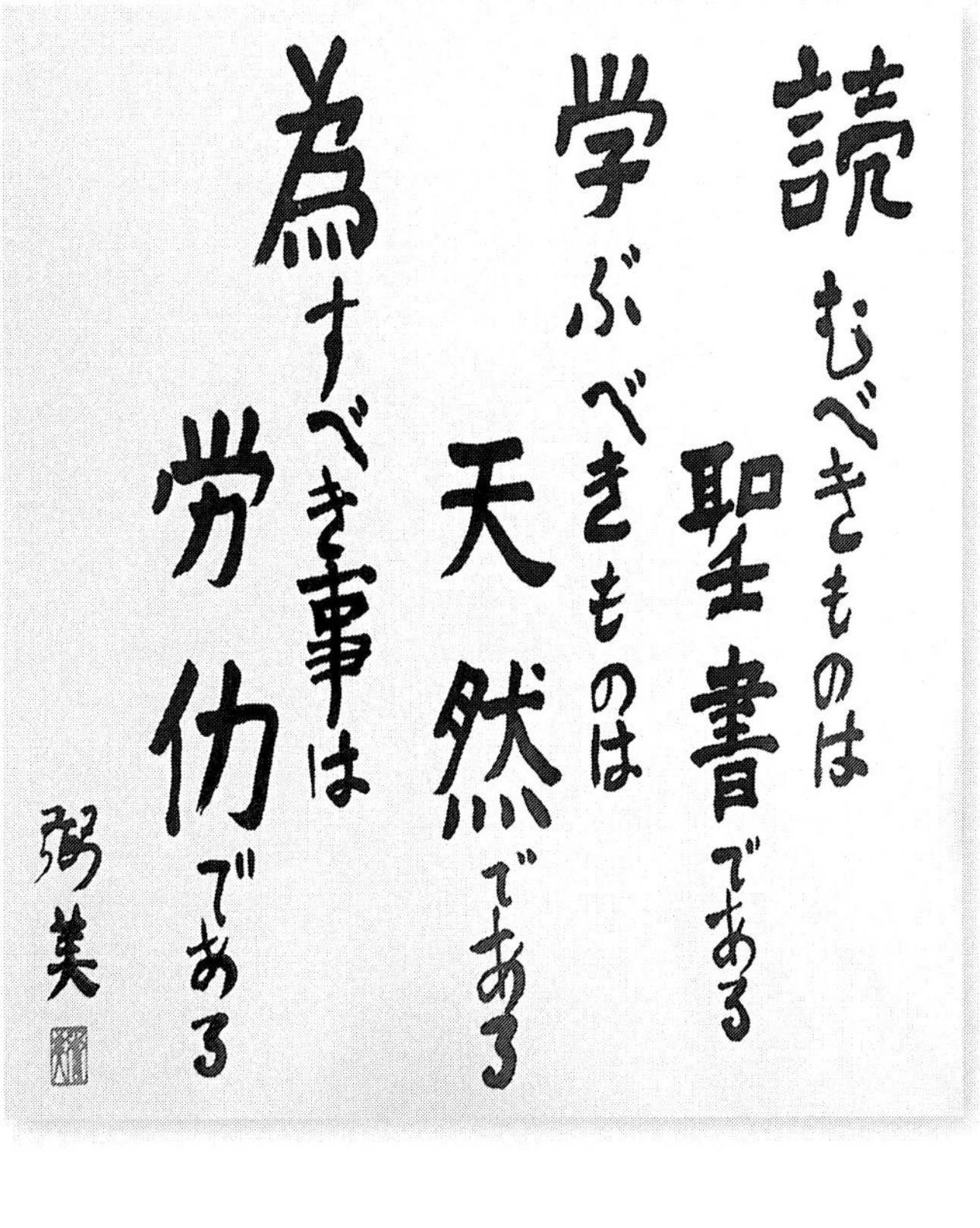
読むべきものは聖書である
学ぶべきものは天然である
為すべき事は労仂である

という内村鑑三先生の教えを実践していました。

その後、南原繁《なんばらしげる》などの有名人の来校によって独立学園が新聞社に知られ、昭和三十（一九五五）年一月、「日本一小さくて貧しい学校」という見出しで、朝日新聞によって初めて全国に紹介され一躍有名になったのです。

当時は共同生活をしており、鈴木校長・ひろ先生夫妻、うめ子先生はそれぞれ三帖の部屋に、忠雄先生・華子先生夫妻は子どもがいたので六帖の部屋に住んでいました。学園はまだ国、県からの補助金もなく、生徒も先生も百姓をして自給自足で共同生活をしなければ生活できなかったのです。

鈴木弼美校長先生も奥様のひろ先生も、すべての先生が貧しい生活を支えるために自ら働かなければなりませんでした。そこには何ら差別はありませんでした。キリストに学び、お互いが信じ合う人間的な温かさがあったのです。桝本《ますもと》うめ子先生も校長先生と同じく内村鑑三先生の晩年の愛弟子でした。

うめ子先生は、横浜の清水洋行《しみずようこう》という貿易商を営む資産家の長女として生まれました。フェリス女学院を卒業間近に、当時、天下の秀才と言われた桝本重一《しげかず》氏と結婚。二男二女をもうけましたが、二番目の女の子は重い障害をもつ子で三歳までしか生きられませんでした。

大正十四年、山陽本線の列車転覆事故で夫を失います。三十三歳の若さで三人の子ど

桝本うめ子

神は愛なり

愛と信仰に生きた
山形「100歳の書道教師」の
聞き書き

桐生　清次＝著

読書日和

序文

桐生 清次

新潟市から約九十キロ、車で二時間。山形県西置賜郡《にしおきたまぐん》小国町叶水《おぐにまちかのみず》に基督《キリスト》教独立学園高等学校があります。

近代日本の精神史に大きな足跡《そくせき》を残した、内村鑑三《かんぞう》の晩年の愛弟子《まなでし》・鈴木弼美《すけよし》（一八九九～一九九〇）によってつくられた学校です。昭和九（一九三四）年九月の創立で、「日本のチベット」と言われた山形県の小国地方に純粋なキリスト教を伝道するためにつくられた学校で、鈴木先生が平和主義のため治安維持法違反で逮捕され休校状態になった時期もありましたが、昭和二十四（一九四九）年、戦後いち早く私立の学校法人として認可されました。そのかげには、当時の山形県知事でキリスト教徒でもあった村山道雄氏のご尽力がありました。

認可された学校といっても、当時の校舎は古い農家の大きな作業場のようでした。

神を畏れ、人を恐れず
読むべきものは聖書
学ぶべきものは天然
為《な》すべきものは労働

もをひとりで育てることになったのです。その後、内村鑑三先生に出会い、また内村先生を通じて鈴木先生にも出会います。当時鈴木先生がまだ東京帝国大学の先生であったころ、うめ子先生に頼まれて鈴木先生はうめ子の次男・忠雄の家庭教師をしていました。そうした縁で昭和二十六年に忠雄は独立学園高校の教頭として、鈴木校長に迎えられました。こうして桝本一家は山形の奥地、独立学園に来たのです。

ようやく生活が落ち着いてきた昭和三十五年に学園が火事に遭ってしまいます。しかしその火事はむしろキリスト教によって救われる、罪の償いとしてみんなで神に頼り自らを戒めていくのです。焼け太りというのはまさに神の恵みでした。

忠雄はいつ誰が来ても「家に入れてやれ。相手になってやってくれ。生徒でも誰でも必ず用があって来てくれるのだから、いくら仕事が忙しくても、相手になってやってくれ」と言い、いつでも温かく迎えました。

桝本家は悩める人の傷の痛みを和らげてくれるような、大らかな雰囲気に満ちていたといいます。その忠雄もがんで亡くなってしまいます。孫たちは家を出て独立し、うめ子先生は忠雄のお嫁さんである華子先生と二人で暮らすことになりました。華子先生とキリストの愛に生きたのです。

※おことわり

・（　）内の文章は、編者が加えたものです。

・注釈をつけていないかぎり、引用している聖句は『新約聖書』口語訳のものです。

・うめ子先生の書および写真は、うめ子先生のお孫さんである桝本進さん、桝本潤さん、長年勤められていた基督教独立学園高校の許可を得て、次の資料より転載させていただきました。

桝本忠雄（著）桝本忠雄遺稿記念文集刊行会（編）「しもべ　桝本忠雄遺稿記念文集」（桝本忠雄遺稿記念文集刊行会）／桝本進・加藤寛子（編）「空の鳥を見よ　桝本楳子書集　百歳昇天記念」（山人舎）／「基督教独立学園絵葉書」（基督教独立学園高校）

桝本うめ子　神は愛なり

目次

第一章　商家の長女として

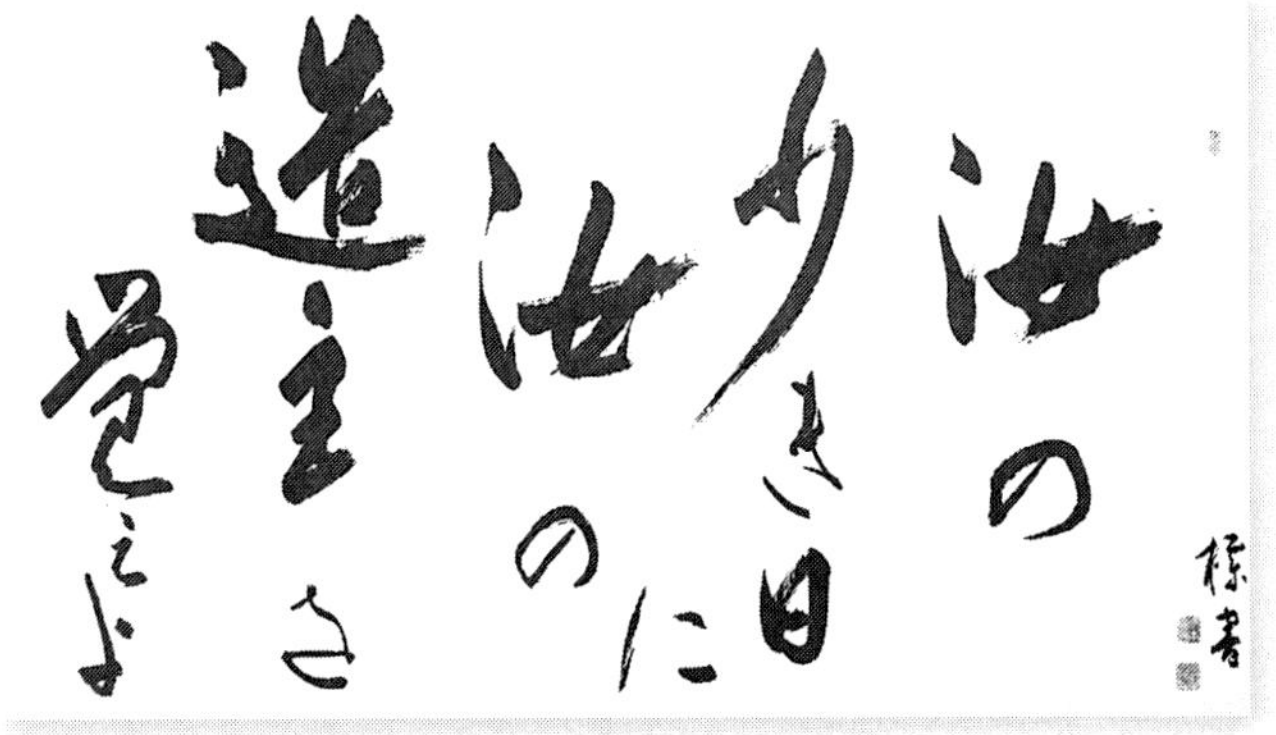

汝の少き日に汝の造主を記えよ

（なんじのおさなきひになんじのつくりぬしをおぼえよ
旧約聖書　伝道の書１２章1節　文語訳）

第一章　商家の長女として

生家

「今年の梅は、なんと見事なんでしょうね。部屋中にいい香りがただよい、梅までがこの子の誕生を心待ちにしているようですね」

家族のみんなに期待されながら、私は明治二十五（一八九二）年一月二十五日、横浜の太田町《おおたまち》（現在の横浜市中区）の清水家に生まれました。その時、床の間の金屛風《きんびょうぶ》の前に飾った鉢植えの紅白の梅は、お正月を過ぎてもまだ咲いていたそうで、そのめでたい梅にちなんで、父は私に「うめ子」と名付けてくれました。

母方のおばあさんも母もクリスチャンで、私が女の子でしたから、生まれて三十日目にお宮参りをする代わりに、近くの指路《しろ》教会で幼児洗礼を受けたそうです。

清水家は日蓮宗《にちれんしゅう》で、男の子であれば家の後継ぎなのですが、私の幼児洗礼には、清水家のおばあさんも父も反対はしなかったそうです。

当時、横浜は日本一の貿易港でした。私の家は横浜で清水洋行という大きな貿易商を営んでいて、欧米雑貨を扱っていました。私が生まれたころの清水洋行は、全盛時代で本店のほかに、本町店《ほんちょう》、栄町店、弁天通り店などのお店があって、大勢の外国人が出入りしていました。

家族

私の家は大家族で、両親と私を含め子ども五人、父方の祖母と母方の祖母、それに三人のお手伝いさんと二人の番頭さん、お店で働いている人が十人、みな一緒に住んでいました。またこのほかに父は、母とは別に二人の女性を家族と同じ屋敷に住まわせていました。

清水家は子どもがいなかったため、父は養子でした。父の名は寅次郎《とらじろう》といい、若いとき京都の塾で勉強した人で書家でした。父は体が大きく、二人引《ににんび》きの人力車を使っていました。でも、英語ができないため、外国人を相手にする私の家では、お店のことはみな母に任せていました。

母方の岡山家は千葉の士族の出で、おばあさんの名前は志《し》ん、母は伊津子といい、(横浜)紅蘭《こうらん》女学校を出て、英語が堪能で父と違い商売が上手でした。男勝りで、美人で何人もの番頭を使ってお店を切り盛りしていました。

二階の奥の間には立派な日蓮宗の仏壇があり、おばあさんも父も信心深く、毎日、朝と晩に二人は一緒におつとめをしていました。朝早く起きて身を清めると二階に上がり、四十分くらい、太鼓をたたいて、お経をあげていました。家が大きいから、太鼓をたたいても気になることもなかったし、干渉する人もなく、みんなはむしろ、二人の信心深さに感心していました。

清水のおばあさんは、普段でもきれいに髪を結い、鼈甲《べっこう》のクシをさし、紋付羽織（家々で定められている紋章がついた羽織）でいつもきちんとしていて、純日本風な人でした。とても物静かな人で、女らしく細かいところまで気が付き、孫たちのしつけや習い事には厳しく、几帳面《きちょうめん》な人でした。それに比べ、岡山のおばあさんは、当時の人には珍しく髪を短く切り社交的でモダンな人でした。おばあさんには子どもが六人もいましたが、長男の嫁と折り合いが悪く、娘である母の所にきて一緒に生活していました。孫にも、うるさいことは言わない人でした。

岡山のおばあさんも母もクリスチャンで、母は忙しいと日曜集会を休みましたが、岡山のおばあさんは毎週欠かさず通っていました。

たまに清水のおばあさんを誘うと、紋付きで岡山のおばあさんについて教会に行きました。清水のおばあさんは、いつも岡山のおばあさんの下手にいて、決して逆らうことはしませんでした。二人は正反対の性格なのに、いつも仲が良かったのです。

例えば、お正月など、清水のおばあさんは料理が日本風で、岡山のおばあさんは洋風でした。

「若い人もいるので、洋風にしましょう」

「さようでございますか。それも結構でございますね」などと優しく言うので決してけんかにはなりませんでした。昔の人は、そういうところがとても偉かったのです。

二人はまた孫たちをとてもかわいがってくれました。ある日、二人は私を連れて着物を買いに行きました。趣味が違う二人は「私はこちらを、うめさんに」と清水のおばあさんが言うと、「じゃあ、私はこちらをうめ子さんに」と岡山のおばあさんも言い、一枚でいいところを、いつも二枚買ってくれました。

お正月

お正月は、大勢の年始客でにぎやかでした。格子戸の門が開かれ、広い中庭を通り抜けると、玄関先には名刺受け（来客の名刺を受ける器。年賀や告別式など、来客が多いときに使われる）が出され、金屏風の前には大きな松。両脇には、子どもの背丈ほどもある紅梅と白梅が飾られていました。松や梅の盆栽は、毎年正月になると、近くの植木屋さんが運んできました。名刺受けのそばには主だった番頭さんか帳場《ちょうば》（客が支払いをする場所）の責任者がいて、新年のあいさつを交わしました。年始の来客は五日くらいで終わり、それが過ぎると嫁や婿に行った人たちが子どもを連れてきて泊まっていました。

元日は、朝は四時に起きて準備をします。神仏にお灯明《とうみょう》をあげ、新年の参拝をすませると、広い部屋にお膳が並べられ、父が上座に座り、新年のあいさつをした後、みんなでお屠蘇《とそ》をいただき、お互いにあいさつを交わしてから、お雑煮を食べます。

二日になると、男の人は年始回りをしました。女の人の年始回りは、二十日正月（一月二十日　正月の祝い納めの日）でした。私はちりめんに友禅の花模様のついた、紫の着物を着せてもらって遊びました。

家族は、みなそれぞれに趣味をもっていました。そして正月には趣味の友達が集まって、お能とお茶会をやりました。

お能は観世流《かんぜりゅう》で、仲間夫婦が十組くらい集まるので、広い部屋がいっぱいになりました。みんな正装をし、唄や舞を披露しました。母は鼓《つづみ》を打ち、二人の祖母も一緒にやりました。

お茶の方は父が表千家、母が裏千家で流儀は違っていましたが、お茶会にも大勢集まりました。

その他、毎日のようにカルタ大会もやりました。部屋には火鉢が置かれ、みかんをたくさん積み上げ、大人も子どももその時は徹夜でした。私たちは父に教えてもらいました。時みんな上手で、父が上の句を少しでも読み上げると、もうさっと取ってしまいました。時にはお客様にも仲間に入ってもらい、とても楽しくて、私はお正月が大好きでした。

小学校時代

横浜の本町尋常小学校は大きな学校で、太田町の家から歩いて三十分くらいでした。横浜の本町通りや弁天通りなど問屋街や商店街の比較的裕福な家庭の子どもが多く、教育熱心でした。そのころ、本町小学校には一年コースの付属幼稚園があり、私は幼稚園に通いました。幼稚園には、毎朝、お手伝いさんたちが連れて行ってくれましたし、帰りは清水家のおばあさんが、自分のお気に入りのお手伝いさんを連れて、迎えに来てくれました。

小学校に入ると、今度は帰りだけでなく、朝もお手伝いさんを連れて、学校まで送ってくれていました。

母親は稼業に忙しく、私のことは清水のおばあさん任せでした。清水のおばあさんはただ送り迎えするだけでなく、私が学校にいる間、用務員室の隣にある六畳の部屋を借りて、放課後になると私と一緒に帰るのです。

学校では迷惑なのでしょうが、文句など言う先生は一人もいませんでした。おばあさんは本を読んだり、私の着物の襟をつけかえたりして、勉強が終わるまで待っていました。お昼は、お手伝いさんが私にできたての弁当を届けてくれました。部屋でおばあさんと一緒に食べるのが嫌でした。教室でみんなと食べられる友達が、うらやましくてしょうがなかったのです。

フェリス女学院に学ぶ

明治三十七（一九〇四）年、私は横浜の山手にある小学校を終えるとフェリス女学院へ進みました。フェリス女学院は、アメリカ人の建てたキリスト教（プロテスタント）の有名な女学校で、創立後二十五年たっていましたが[*1]、三階建ての立派な校舎でした。キリスト教による愛の教育を目標にかかげたフェリス女学院は、当時は特権階級の子どもの学校で、程度も高く、入試も厳しかったし、月謝も高かったのです。女の子には勉強は要らないといわれ、ほとんどの女の子は進学などできない時代でした。紅蘭女学校を出た母がキリスト教の愛の教育が大切だと、私をフェリス女学院に進学させてくれたのです。

父と清水のおばあさんは、できることなら宗教の違うキリスト教の学校へは入れたくなかったでしょうが、私が長女なので英語を習わせ、家の手伝いをさせたかったこともあって、フェリスに進むことに反対はしませんでした。どうせ進学するのであれば、むしろ程度の高いフェリスに進んだことで父も清水のおばあさんも喜んでいたのです。太田町の私の家からは遠かったので、貿易商をやっていた父は舶来の女性用自転車をくれました。当時、フェリスへ自転車で通っている生徒は珍しく、二、三人だけでした。靴やカバンなども舶来の革製で、輸入品としてお店に入ると父はいちばん先に私に買ってくれたのです。

私は長い髪にネイビーブルーの大きいリボンを結び、羽織の丈と同じ長さが二尺（約七十六センチ）もあるたもと袖の着物を着ていました。袴《はかま》はえび茶か、少し赤みのかかった色で、赤い編み上げできいろいボタンの靴を履いて自転車に乗って通いました。

フェリス女学院は山の上にあって、「赤い壁の校舎」といわれていました。高い丘の上の井戸水をくみ上げる風車のある学校でした。百段の石段を上らないと正門からは入れなかったので、自転車の私はいつも途中の裏門から入っていました。

当時の校長先生は、ミスター・ブース先生（ドクター・ユーゼス・S・ブース）でした。先生は非常に愛の深い方で、だれと会っても必ず声をかけてくださいました。「ミス清水」とか、「うめ子さーん、お元気ですか」といって、英語と日本語で声をかけてくださる校長先生は、みんなから好かれていました。私は校長先生に声をかけていただくのが楽しみでした。

フェリスは予科三年（現在の中学校に相当）、本科三年（現在の高校に相当）、その上に専攻科（現在の短大に相当）二年があって、各学年一クラスずつ、定員二十五人でした。

私は勉強が大好きで、特に英語に夢中でした。NARATION（話法）だけでなく、REC-ITATION（暗唱）もあり、いつもペラペラになるまでやりました。毎日の試験は百点でした。厳しいけれどもやればできたし、ほめてくれました。外国人の先生方は優しいが、勉強や規則には厳しかったのです。英語が好きになったのは、カイバー先生の影響を受けたからです。私はカイバー先生が大好きで、先生も私を愛してくださったのです。毎週、木曜日の午後の礼拝が終わると遊ぶ時間があったのですが、カイバー先生は私たちと芝生の上で、英語で歌を歌ったり一緒に踊ったりしました。春は花吹雪の舞う中で英語の話をして、ゲームをして遊んだこともありました。クリスマスや学芸会には活人画《かつじんが》をやりました。私はいつも主役で、例えば、きれいな衣装を着け、白虎隊《びゃっこたい》ポーズ（鶴ヶ島城にある白虎隊士の像と同じポーズ）をとって五分くらい動かないでいるのです。舞台には背景も照明もあり、一回一回幕が引かれ、また、次の場面に変わるのです。とても人気がありました。フェリスは外国人が多く、日本のものを喜ぶので活人画はみな日本のものばかりでした。

　野毛山《のげやま》の坂を上ると正面に大きな病院があって、そこからは横浜の高級別荘地になっていました。そこに私の家の別荘があり、岡山のおばあさんがお手伝いさんと住んでいたので、私が出かけると、必ずごちそうしてくれました。広くて大きな別荘なので、英語を暗唱するのに大きな声を出して（練習して）もちっとも困らなかったです。

　太田町は父が出歩いていたし、母はしょっちゅう店回りをしていて忙しく、清水のおばあさんもいるので、私は野毛山の方が好きでした。

　両親は旅行が好きでした。女の子は十七、八歳になると望まれれば嫁にやらねばなりません。だから母は、夏休みになるとよく関西にも旅行に連れて行ってくれました。また、夏には葉山の別荘に行って海で泳いだりしていました。当時、月謝も高く、程度も高いフェリスに学ばせてもらったことは私の生涯にわたってとても幸せなことでした。

＊1　フェリス女学院の創立は一八七〇年なので、厳密には創立後三十四年である。

第二章　結婚生活

第二章　結婚生活

両親と一緒に江戸幸へ

横浜の南中通《みなみなかどお》りに江戸幸《えどこう》という有名なうなぎ専門の料亭がありました。

江戸幸は横浜では高級料亭の一つで、政治家や財界人が大勢来ていました。江戸幸は神戸に本店、横浜に支店があって、私の家とは遠い親戚でしたので両親は土曜日になると、ときどき私を連れて行きました。

神戸の江戸幸の末っ子である桝本重一さんは、小さい時からよく勉強ができて、江戸幸から秀才が出たと親戚の間では大評判でした。小学校の時から勉強が大好きで、ずーっと一番で来た人で、海軍大学校に入り、ここでも一番で卒業記念に（天皇陛下から贈られる菊の紋の入った）恩賜の金時計をもらった人だと母から聞いていました。卒業と同時に海軍大学校の教官になり、三菱の参与になりました。私は小さい時から、神戸の重一さんのことは母から聞かされていました。うめ子も重一さんのように頑張りなさいとよく言われ、母は重一さんを目にかけていて、できることなら重一さんに私を嫁がせたいと思っていたのです。

フェリス女学院本科三年（現在の高校三年に相当）のある日、私がフェリスから帰ると家の様子がいつもと違っていました。

「うめ子さん、お客様です。お母様がお呼びですよ」

清水のおばあさんに言われ、身支度を整えて、応接間のドアを開けました。

私が部屋に入ると将校らしく、きちんとした態度で「桝本重一です」とあいさつされました。海軍大学校（海軍の上級将校教育機関。現在の海上自衛隊幹部学校に相当する）の教官で、博士号を三つも持っていると私は聞かされていました。私の両親はすっかりお気に入りの様子です。実際、会ってみると、頭の切れるしっかりした人でした。一度言葉に出したことを二度繰り返すようなことはしません。話している事はしっかりしていて、他人の気に障るようなことは言わず、自慢もしないのです。私はそれまで、こういうタイプの人に会ったことはありませんでした。

しかし結婚となると、重一さんはあまりにしっかりした人なので、一緒にやっていけるかどうか心配でした。それに私はまだまだ勉強がしたくて、結婚までは考えていませんでした。しかし、今と違って当時の結婚は親同士で決めましたから、十七歳の私の意見が通るはずはなかったのです。

早くなった結婚式

結婚式は明治四十三年九月二十七日、東京にある海軍士官専用の水交社のサロンで行うことに決まりました。重一さんの遠洋航海が予想より早まり、結婚式も早まったのです。家では結婚準備が大急ぎで進められ、私は九月にフェリスを中退しました。

結婚式の数日前、父に座敷に来るように言われました。羽織袴をつけた父は厳粛な態度で「うめ子、ここに来てお座りなさい」と言いました。私は父の前に座りました。正座していた父は一礼すると黙って立ち上がり、タンスの二番目の引き出しから、房つきの紫のちりめんの袋に入った短刀と鏡を持ち出してきました。父は私の前に短刀と鏡を置き、「うめ子、女は一度嫁に行ったら決して離婚してはなりません。もしあなたが離婚させられることがあっても、二度と家に戻る事は許されません。いざというとき、この鏡で自分を映し、この短刀で自害しなさい」

父は言い終わると真っすぐに私を見て、短刀と鏡を手渡しました。私はタンスの中に丁寧にしまいました。清水家はもともと武士の家なので、そうした厳しさがありました。また、「嫁に行ってわがままで出てくることは決して許されません。別れることがあっても、二度と家には入れません」と、母も厳しかったです。

私たちの新居は代々木にある桝本家の別宅に決まっていて、嫁入り道具は結婚式が近づくと、親戚に披露するため、一度は本家である神戸の家に運ばれました。

結婚式には当時、重一さんの上司だった武田（秀雄）さんが、私たちの仲人をしてくださいました（武田さんは、将来は大将か大臣かと言われている重一さんのためにと引き受けてくれたのでした）。結婚式は私の母も祖母もキリスト教式で行ったそうで、私もキリスト教式でやってもらいたかったのですが、神式であった桝本家での式では重一さんは軍服姿で海軍の帽子をかぶり、私は白の打掛（和服の一種）でした。衣装直しを三回もやり、最後は新婚旅行に行くため、洋髪を結ってもらいました。式には親類や海軍の仲間をはじめ、陸軍関係者や知人など全部で百四、五十人も集まって当時としては盛大なものでした。

新婚旅行

披露宴が終わると、その日のうちに箱根へ新婚旅行に出かけました。みんなが東京駅まで見送ってくれました。

新婚旅行には東海道線で途中の三島駅まで行き、箱根へは人力車で行きました。芦ノ湖にはまだ遊覧船がなかったので、せっかくの新婚旅行だからと、記念に椅子駕籠《かご》にも乗りました。

箱根には、清水家の立派な別荘もありました。私の両親も箱根が大好きで、週末にはよく出かけていました。そこは両親専用の別荘で、新婚旅行の時だけ、特別開放してくれました。管理人やお手伝いさんが五人もいて、私たちは三日も泊まりました。主人は「好きなように使いなさい」と財布をそっくり渡してくれたので、私は高価なお土産を買って全部使いました。その使いっぷりを見て主人はご機嫌でした。

主人が遠洋航海に出る

十月の末、主人は遠洋航海のためアメリカに出航しました。

横浜港からの出航でした。遠洋航海に行く人は二、三人で、桟橋には下士官のご夫人方が着飾って見送りに来ていました。大勢の方からお祝いの言葉をかけてもらいましたが、主人との別れはとても寂しい思いでした。ドラの音とともに、テープを切って船は出て行きました。

主人が出た後、私は三人のお手伝いさんと新居にいましたが、寂しくて実家に帰ってばかりいました。母に実家に帰るのもいいが神戸の方にも顔を出すようにと言われて、神戸にも行きました。神戸のお店も横浜と同じような造りで、立派でした。神戸のお母さんは立派な方で、紋付きでお客様の前に出てあいさつされていました。私は重ちゃんの嫁だと言われて大事にされ、日本髪に着物姿で帳場に座らされ、看板娘にされました。帳面付けを手伝うと、「これはいい嫁だ、重ちゃんにお似合いだ」とお母さんは大喜びでした。神戸から横浜にも行きましたが、お姉さん（義姉）のところはまた大変でした。

帳場に立たされるのはまだよかったのですが、上等なちりめんの反物を渡されて、着物を作るように頼まれたのには困りました。

昔は嫁に行く前には、一応、裁縫ができるようにしておかないと、親の恥だと言われたものでした。家にはお手伝いさんが何人もいたので、夜になると裁縫の先生が来て教えていました。私もときどきそばで見ていて、一応縫うことはできたのですが、裏（地）のついた立派な着物は作れませんでしたし、主人も裁縫など専門家に任せておけばいいと言っていたので習いませんでした。着物を仕上げたことがない私を二人の祖母が心配して、着物作りに母とお手伝いさんをよこしてくれました。主人が航海に出て半年後に、せっかくの機会だからと、私もアメリカに渡ることになりました。当時は渡米するのに、船旅で一か月もかかりました。しかしアメリカに上陸寸前のとき、私たちの船からチフス患者が発生したため、船はそのまま日本に引き返すことになりました。とても残念でした。

一年ほどして、主人が帰ってきました。神戸や横浜でもお祝いをしてくれました。主人に、アメリカに上陸できなかったことを話すと、むしろその方がよかったと慰めてくれました。神戸の両親はよく家に来ました。お母さんは来ると私には仕事もさせないで「うめ子さん、今日はお手伝いさんにしてもらいますから、心配しなくていいですよ。好きにしていらっしゃい」と言うのです。それでも何日かいると、主人は私が両親に気遣って疲れることを心配して、お母さんに帰れと言うのです。するとお母さんは「はい、はい、重ちゃんのご機嫌が悪いようだから、うめ子さん失礼しますよ」そういって帰るのでした。

結婚生活

落ち着いた結婚生活ができるようになったのは、主人が遠洋航海から帰って来てからでした。でも、主人との生活は、はたで考えるように華やかなものではありませんでした。住居は代々木の家から麹町《こうじまち》の大きい立派な家に移りました。家を借りる時、神戸のお母さんが見に来られ、「重ちゃんの所はいつもお客様が大勢いらっしゃるから、この家なら重ちゃんにふさわしい」と言って喜んで帰られたのでした。主人の書斎は、二階のいちばん大きな部屋を使っていました。

家には主人と私と三人のお手伝いさんがいて、家賃だけでも大変でしたが、神戸のお母さんはお金にはちっとも不自由はさせませんでした。神戸のお母さんご自慢の重ちゃんのことだから、お母さんはいくらでもお金を出してくれました。

主人の研究や研究態度は、たいしたものでした。魚雷のエンジン研究では日本一と言われ、とにかくご飯を食べる暇もないくらい研究に没頭していました。

主人が結婚して最初に私に言ったことは「今、僕は命がけで実験している。まかり間違えば部下も一緒に死んでしまう。しかし、僕のやっていることは必ず、人類のために報いられるのだからね。ただ問題は部下にも家族がいる。だから万が一の事があっても、残された家族が心配のないようにしてやらなければならない」ということでした。そして、毎日「たとえどんなことがあっても心配はいらないよ。部下のことも心配ないようにしてあるから」と言って出かけるのでした。主人は国のためなどとは一言も言いませんでしたが、研究に命を懸けていました。たとえどんなことがあっても、研究の計画を遅らせる事はありませんでした。

主人は毎朝七時ごろ起きて食事を済ませ、八時には家を出ました。門の外に車が迎えにきて、その日によって海軍省か大学か、または三菱のいずれかへ出かけていきました。私とお手伝いさんは、玄関に出て手をついて見送りました。夕方、帰宅時は私もお手伝いさんも着替えて出迎えました。門からはちり一つないように、お手伝いさんが掃除したところを、私がもう一度ほうきではくのです。木の葉が一枚落ちているだけでも、機嫌が悪いのです。

「風が吹けば木の葉が散って風流ではありませんか」と言うと、「うめ子、なかなかうまいことを言うな」と言うけれども、きれいにしておかないと不機嫌なのです。ですからいつもきれいにしておきました。

「だんな様があちらにお見えになりました。お帰りでございます」とお手伝いさんが言うと、みんなで玄関に出てひざまずいて、「お帰りなさいませ」と言って迎えます。主人は胸を張って帰ってきます。すぐお風呂に入り、夕食を済ませると、たいていは書斎へ上がって研究に取り掛かります。そして毎晩、夜中の一時、二時まで研究し、いつも私をそばにおきました。その間、私は居眠りもできません。もし居眠りしようものなら「顔を洗って来い」と言われるので、眠くなると私は冷たい水で顔を洗ってきて、主人のそばについていました。神戸のお母さんは主人が小さい時から、勉強している時はそばについていたそうで、主人は私をそばにおいて自分の手足のように使っていました。

主人のわがまま

幼い時から愛情深くかわいがられて育てられてきた主人は、一時も私を離せなくて、用事があって実家に出かけていてもすぐ電話をかけて迎えにきました。一晩でも私を泊めておけない人でした。

私が出かけるときは、主人の好きな献立をお手伝いさんにお願いしておきました。私が帰ると主人の機嫌はよいのですが、留守中はお手伝いさんの作ったものはおいしいと言わず、機嫌を悪くしているので、旦那さまをおいて出かけないでくださいとお手伝いさんたちはよく私に話しました。博士号を三つ持っていて「桝本は偉い、桝本は偉い」と言われる主人と生活していても、そんな肩書などちっとも気になりませんでしたが、みなさんに講演を頼まれると、いつも私は一緒でした。

「若き学徒の桝本博士です」、「東京帝国大学の講師も務め、エンジンの研究では日本一有名な方です」などと紹介されていました。集まりには偉い大将夫人や年配の方が大勢出席していましたが、桝本博士の夫人だといって大事にされました。帰宅するといつも主人は、「僕が話を頼まれて行ったときは、うめ子は僕の妻なのだから、堂々としていればいいんだよ」と言ってくれました。それでも主人は仕事と休みをはっきり分けていて、日曜や祭日はよほどのことがないかぎり研究を休み、一日中のんびりとピアノを弾いたり旅行や歌舞伎座などへ私を連れていってくれたりしました。主人は忙しい人でしたから、京都辺りまで旅行に出かけてもゆっくりすることはなかったし、歌舞伎などもいいところだけを観て、最後まで観ることはできませんでした。主人は私を連れて出かけるときは、必ず新しい着物を着せました。それも私が嫁いだとき、実家からたくさん着物をもらっていたのに、それには袖も通させず、必ず主人の気に入った新しい着物をあつらえました。

一日に二、三回も出かけなければならないときは、前の日に二～三枚の着物が届きます。いらないと言っても、いつの間にか三越へ行って頼んでおくのでした。一度着た着物は、二度と着てはいけないと言われるので「そんなお金はどこにあるのですか」と聞くと「神戸のお母さんがみんな出してくれるよ」と言うのです。

神戸のお母さんに会うと「重ちゃんは交際が広いからお小遣いが大変でしょう。うめ子さん、心配ないのよ」そう言ってお金を払ってくれるから、主人は使い放題で、私は幸せ者だと言われ、みんなからうらやましがられていました。出かけるときはいつもお迎えの車で、きれいな着物を着て、主人と一緒でしたので、はたからみればうらやましく思えたのでしょう。人間はおかしなものですね。よい境遇にいて華やかな生活をしていると、一方では、こんな生活をしていていいのかという、なんとも言えない寂しい思いになるものです。主人のおかげで、みなさんにこんなにまでよくしていただいていいのかなあと思うと、ありがたいという思い、どうしようもない空《むな》しさに襲われたりもしました。

確かに研究はたいしたものでしたが、主人はとてもわがままな人でした。神戸のお母さんは、小さい時から重ちゃん、重ちゃんと言って甘やかして育て、勉強のことを自慢して、主人に夢中になっていたのです。主人は海軍の友達を家に招くのが楽しみでした。でもその日の研究予定があると、乱暴な言葉で「貴様ら、もう帰れ」などと友達に言い、時間になると自分はさっさと二階に上がり研究を始めるのでした。

家が大きいので二階の主人の部屋まで声は聞こえていかないのですが、それでもみんなも気遣って下の部屋で静かに飲んでいました。そして「桝本の真似《まね》はしたくてもできない」などと言いながら、帰っていくのでした。

私はフェリスでキリスト教の愛の教育を学んでいましたから、特に主人のわがままには心を痛めていました。私の友達が遊びに来ると、あなたは幸せだ、私の主人は酒を飲むともっとわがままだから、そんなことぐらいで、あなたはご主人を叱ってはいけないと言ってくれるのですが、私は主人のわがままはとても嫌でした。

長男・誠一の誕生

主人が遠洋航海から帰って一年たった大正元年の五月、私は長男の誠一を産みました。誠一は初めての出産なので、私は七か月を過ぎると横浜の実家へ帰っていました。その時、清水のおばあさんは胎教のためだと言って、貝原益軒《かいばらえきけん》の（著述とされ女性の生き方を説いた）『女大学《おんなだいがく》』を毛筆で一字も間違わないように書かせました。

当時、お産は産婆（助産師）さんを頼むのが普通でした。主人は私が子どもを産む時は、皇太子殿下や皇族の出産を手がけていた岩崎さんという一流の産婆さんを頼んでくれました。子どもを身ごもった時から岩崎さんにときどき麹町の家に診察に来てもらっていましたが、私が実家に帰っていると、主人は岩崎さんを東京からわざわざ横浜までお呼びし、横浜のいちばんよい旅館に泊まってもらっていました。長男は安産でした。主人は私の実家まで来て「うめ子、子どもを産んでくれてありがとう。二十一日間は、部屋からは一歩も出てはいけないよ」と言い、私はとても大事にされました。私が丈夫になると、主人は迎えに来てくれました。誠一はかわいい子で、丸々とした健康な赤ちゃんでした。

主人は子どもをかわいがってくれましたが、わがままは直りませんでした。私が子どもにかかわっていて、主人に手がまわらないでいると不機嫌になるのです。子どもはお手伝いさんに任せておけと言い、私を書斎に呼んで自分のそばにおくのでした。子どもがおなかをすかせて泣くと、私はすぐに下りて行って乳を飲ませて、また、二階の書斎に戻りました。主人は毎晩、研究、研究で忙しく、そのうえあちこちへ講演に頼まれて行くので、私は乳飲み子をお手伝いさんに預けて一緒に出かけていました。そんな生活の中で私は二番目の子どもを身ごもりました。主人は自分が徹夜をすれば私も起こして、研究している間じゅう、そばにおきました。私が風邪を引いた時など、体を心配したお手伝いさんが自分たちの部屋に私を隠して寝かせてくれたこともありました。

道子の誕生

大正二年三月、私は長女・道子を産みました。元年の五月に誠一を産んだばかりで、すぐの妊娠なので、道子は早産で生まれ、体の弱い子でした。道子が胎内にいたとき、私は主人の世話で、過労の日々を過ごしていました。そのこともあって、お産には不安がありました。道子は難産で、胎盤剥離を起こし大出血で、母子ともに危なかったのです。

岩崎さんがお医者さんの応援を頼み、幸い助かったのですが、道子は仮死状態で産声も出せなかったのです。乳の吸い付きが悪く、よく消化不良を起こす子でした。主人と私の間に産まれたとは思われないほどかわいい子どもでしたが、お医者さんからはこの子は三歳までしか生きられないと言われていました。子どもは神様からの授かりものですから、命のあるかぎり一生懸命に育てていこうと主人と私は本気で育てました。主人は三人のお手伝いさんのうち一人は看護婦さんを頼んで、道子の看病にあたらせました。

当時は障害児が生まれると隠しておいた時代で、物質的には何一つ不自由のない生活をしていた私たちでしたが、やはり悲しみは大きかったのです。神戸のお母さんは誠一がいると道子を育てるのは大変だといって、誠一を神戸に連れていってしまいました。

私は大正元年、二年、三年と続けて年子を産みました。三番目は男の子で忠雄と名付けたのですが、この子もまた心臓弁膜症で体が弱かったのです。道子、忠雄と二人も体の弱い子どもがいるのに、それでも主人はお手伝いさんに子どもを預けさせ、私を助手にして使いました。道子はだんだんとお乳が飲めなくなって、私と主人は何とかして育てたいと一生懸命に看病したのですが、三歳にもならないうちに亡くなってしまいました。その時、あんなにわがままな主人が声をあげて泣いていました。

内村鑑三の本に出会う

道子が亡くなると、それまで神戸のお母さんがなかなか帰してくれなかった誠一が、神戸から帰ってきたのです。誠一はかわいい顔をして、きれいな着物を着せられ、よだれかけをし、おしゃぶりをくわえてきました。主人は、それが気に入らない様子でした。そのうえ、誠一は家に来るお客さんやお手伝いさんに関西弁を使うので、主人は自分も関西生まれなのに、それもまた気に入らないのです。

主人は誠一が長男なので、たくましく育てたいと思っていました。ところが帰ってきた誠一は甘やかされて育っていたものですから、誠一のやることなすことが気に入りませんでした。主人が誠一を叱ってばかりいるので、その度に誠一は泣いていました。

体の弱い次男の忠雄は、よく夜泣きをしました。その度に主人はうるさくて研究もできないと言って怒りました。私は夜泣きする忠雄をおんぶしてよく九段《くだん》の向山堂《こうざんどう》まで出かけました。向山堂で内村鑑三先生の『所感十年』という本を手にしました。これが内村先生の本との出会いでした。私はこの本によって気づかされました。これが本当のキリスト教だと思ったのです。

私は自分のいちばん信頼すべき主人を、心から尊敬も信頼もできなかったのです。主人は飛行機のエンジン開発もしていて、戦争に加担した仕事をしていました。主人も私も自分中心ではいけないのに、主人は自分中心で研究以外は人をあまり愛せなかったのです。私たち夫婦はもっともっと人間的に生きていかれないものだろうか、世間の人からは何一つ不自由のない生活をしていると思われているのに……。内村先生の『所感十年』の中のいたるところに、宝石のような言葉がありました。私は今までとまったく次元の違った世界のあることに気づかされました。私は自分の弱さの限界を知りました。弱い者がキリストに頼って祈る。そして弱い者の自覚こそが人の強さではないのかと思ったのです。

私は主人に内村鑑三先生の本に出会って、自分の弱さや罪深さについて目を覚まされたと話すと、軍人で厳しい人なのに即座に「うめ子、内村鑑三のキリスト教ならすばらしいぞ、内村鑑三の信仰はたいしたものだ。僕も内村鑑三は最も共鳴する一人だ。今、万《まん》朝《ちょう》（日刊紙・萬朝報《よろずちょうほう》のこと）を読んでいるのは内村鑑三の論説に共鳴するからだよ」と。ここでやっと主人と私は、共通するものを探し当てることができました（内村鑑三は万朝の論説委員でしたが、あまりに戦争反対と書くのでやがて論説委員を降ろされてしまいました）。

私は向山堂に出かけ、お店の主人に内村先生の全集や『聖書之研究』[*2]のバックナンバーをみんな届けてくださるように頼みました。『基督信徒の慰《なぐさめ》』『求安録』など次々と読んでいきました。こうして内村先生の本に出会ったことが、私の人生が大きく変わるきっかけになったのです。

＊2　内村鑑三が創刊した日本初の聖書雑誌。一九〇〇年から一九三〇年（の内村鑑三が没した直後）まで刊行された。

父母の死

結婚して四、五年後、母は四十三歳の若さで亡くなりました。母は胃がんの手術後、二年近く生きたのですが、入退院を繰り返していました。母は病院に入っても、しょっちゅう抜け出して人力車で店を回っていました。岡山のおばあさんが娘である母に、病院を抜け出して仕事をするのは体に悪いと注意しても、母は耳を貸そうとはしませんでした。娘の私は嫁に行ったし、弟の秀雄は大学を終えたころで、母はアメリカから帰ってきた甥《おい》の正雄さんにまた、清水家で働いてもらっていました。伯母である正雄さんの母もしょっちゅう、お店の手伝いに来ていました。

母はだんだんと弱っていきました。家に帰ったときは必ず帳簿を調べました。気分がいいときはご飯やお刺身を食べていたようですが、だんだん食欲がなくなっていたようです。病院にいても正雄さんに帳簿をもってこさせ、死の直前まで店の経営を取り仕切っていました。正雄さんは清水家のために尽くしてくれた立派な人でした。母は秀雄に家を継がせようとして、死ぬまで店を守り続けたのです。ですから家業のことは心残りがあったのです。母が亡くなる前の晩、私は夢を見ました。大きな袋を背負った母が、病院の窓から入って来たのです。

「うめ子、この袋をおまえにあげる」

私は母に何か話そうとしたのですが、その時、すでに母の姿はありませんでした。私は清水家の長女なので、秀雄や店のことを私に託したかったのだと思います。翌日、母は危篤状態になり、知らせを受けて駆けつけた私を待っていたのでしょうか、すぐに息をひきとりました。

母は清水家を背負った男勝りの人でした。体は弱かったのですが、子どもを祖母やお手伝いさんたちに任せて、いつも店に出て働いていました。私がどんなに一生懸命勉強しても、一度も誉めたことのない母でした。しかし結婚してからは少しでも困ることがあるといつでも来てくれて、私や主人を大事にしてくれました。特にお芝居が好きで、自分の好きな役者さんが来ると毎日でも行き、その出番だけでも観てくる人でした。母が亡くなると、清水家は急に傾いていき、正雄さんと正雄さんの母に乗っ取られた形になっていきました。

母が亡くなって五年後、父はみんなに見守られながら静かにこの世を去りました。肝臓がんでした。

長崎での生活

忠雄が小学校に入学した年でした。主人が三菱の兵器製作所の所長になって長崎へ転勤しました。同僚の大井上《おおいのうえ》さん（大井上博《ひろし》　長年魚雷やエンジンの開発にたずさわった技術者で、戦後三菱の取締役になった）も長崎に転勤となり、ともに魚雷の開発にうちこんだようでした。

長崎は気候が温暖で冬も暖かく、山も川もあり住みやすいところでした。三菱の所長の社宅は立派な社宅で家財道具が完備されていました。また長崎は食材が豊富で大きい魚一匹が難なく手に入り、社宅の人におすそ分けすることもありました。一方、社宅の生活はうるさい（うっとうしい）面もありました。東京ではどんな生活をしていても、だれも何も言わないし自由でした。それが社宅の奥さん方はああでもない、こうでもないと言うのです。私がいい着物を着て社宅での会合に出席すると、自分にはいい着物が用意できないからといって会合に出ない人もいました。

私は派手な生活が好きではありませんでした。祖母や母が愛読していた、羽仁《はに》もと子先生の雑誌『婦人之友』の考え方に感化されていました。羽仁先生は古い習慣にとらわれないで、不都合な点、悪い点は改めていこうという創造的な生活の考え方をもっていました。ぜいたくをすればきりがないので主人に相談すると「僕が偉くなったのだ、うめ子は僕の妻なのだから威張っていなさい」と言うのです。それが私にはとても嫌でした。私は着物にお金をかけないようにしたいと話すと、主人は社宅の事をよく分かってくれて理解を示してくれました。早速、社宅の会合には木綿の紋付きを着るように提案し、次の会合に私は木綿の紋付きで出ました。だんだんと社宅の奥さん方が私の真似をするようになり、身の上相談にも来るようになりました。

長崎では社宅の外に家が二軒ありました。主人が友達の田舎にある空き家を使わせてもらっていました。日曜日になると早起きして弁当を作り、子どもを連れて田舎へ遊びに行きました。次男の忠雄は、小さい時から体が弱く、とても甘えんぼうでしたので、私は忠雄のためにと思って、よく虫取りにも出かけていました。道路わきの虫を捕まえたり、おたまじゃくしをすくったりして遊びました。ときどき誠一や（大正六年四月に東京で生まれた）孝子も一緒に出かけると、忠雄はうれしいらしく本当に楽しそうでした。主人は忙しい人で、しょっちゅう東京と長崎を行ったり来たりしていました。東京へ出るときの着物はみな主人が用意してくれ、お手伝いさんに子どもを任せて無理にでも私を連れて歩きました。主人は長崎に三年いて東京に帰ったのですが、私と子どもはすぐに東京には戻らず主人の実家がある神戸にうつりました。神戸のお母さんは、孫が三人いるので一緒に住みたいと言っていましたが、主人が「うめ子が気をつかうからだめだ」と言い、私と子ども三人は一年ほどで東京へ戻りました。

御前講義

主人の研究は、公に認められていました。「専門的に魚雷の研究をしている人は、桝本以外にいない。桝本は日本の第一人者である」と言われ、選ばれて天皇陛下（大正天皇）の前で二、三回御前講義をやりました。私は一度だけ行ったことがあります。その時は私たちにも招待状がきたのです。親戚で話し合い神戸のお母さんとお兄さんの次三郎《じさぶろう》さん、それに私の三人が出席することになったのです。親戚の中にはうめ子夫人はまだ若いし、そんな大それた場所に出るべきではないと反対する人もいたのですが、神戸のお母さんが私の味方をして、仲を取り持ってくれたのでした。

「公に招待されていることで、出席するとか、しないとかの問題ではありません。重一が陛下の前に出てご講義なさることは大変名誉なことです。重一がここまでになったのは、うめ子さんのかげの力があったからです。だれよりもうめ子さんをやるべきですし、口出しはいけません。うめ子さん、何もご心配いりません」と言ってくれました。

宮中での御前講義の会場には、皇族方や大臣、大将やそのご夫人方がいましたが、中でも私がいちばん若かったのです。主人が陛下の前で上手に講義ができるのか、私はそればかりが心配でした。御前講義は何人かやりましたが、主人は最後でした。陛下がいちばん高いところにおられたのですが、とても畏れ多くて陛下の顔を見るどころか、顔を上げることもできませんでした。講義が全部終わると別の間で食事となりました。菊のご紋のついたお膳に、赤飯と尾頭付きのひとおりのごちそうで、お祝いのお酒も出ました。選ばれて御前講義[*3]ができたことは、とても名誉なことで横浜の江戸幸で親戚じゅうが集まってお祝いをしました。このころが私の人生でいちばん華やかなときでした。

*3　大正天皇はこのころ病床にあり、御前講義を受けられていたとは考えにくい。詳しくは、「編者あとがき　これは、『天国座からの景色』」を参照。

三人の子ども

誠一も孝子も丈夫な子どもでしたが、忠雄は心臓弁膜症で小さいときから体が弱く、小学校へは人力車で通いました。学校へ行っても体操や水泳などの激しい運動はやってはいけないと医者様から禁止されていて、ときどき熱を出したと学校から連絡が入ると人力車で迎えに行きました。忠雄は小さいときは親の言うことを聞いていたのですが、小学校高学年になると、「僕は、みんなと同じことをやりたい」と言って、親の心配をよそに畳の上で水泳の真似をしたりして、自分で体を鍛えていました。

主人は誠一が長男だからと、特別厳しくしていました。忠雄と孝子だけをかわいがり、「あっちへ行け」と声を荒げ、誠一をそばに寄せ付けなかったのです。

誠一は大きくなると、主人が二階から降りて来ただけで、さっさと自分の部屋にこもるようになってしまいました。私はどの子も区別なくしつけましたが、主人はそれが悪いと言うのでした。

子どもの勉強としつけ

主人は、子どもの考えにも自分なりの考えを持っていました。私が子どもに対して勉強しなさいと言うと、「勉強しろ」「勉強しろ」と言うのは「勉強嫌いになれ」と言っているようなものだから、その言葉は決して使わないように」と私に注意しました。読み書きそろばんだけでなく経験するものは何でも勉強という主人の考え方は、進んでいるように思えました。

子どもたちには勉強部屋が与えられ、机がコの字形に三つ置かれていました。主人は毎日子どもの勉強部屋に入り、必ず机の上に目をやるのです。物がひとつでも上がっていると、「こんなものを上げておいては頭が悪くなる」と言って、棒のようなものでクリヤー、クリヤーと言って払いのけました。大人にはつまらないものであっても、子どもからすると大切というものがあるものです。それも全部捨てられてしまうものですから、どの子もきちんとしていました。

主人はたいてい五時過ぎになると帰ってきます。子どもたちは外で遊んでいても、四時には帰ってお風呂に入り、着替えを済ませて主人の帰りを待ちました。主人は遅くなるときは必ず何時ごろ帰るからと連絡してきました。だから主人が帰る時間には、みんな着替えて、きちんと座って「おかえりなさい」と言って迎えました。子どももお手伝いさんも身なりをきちんとしておかないと、不衛生だと言って私を叱らず、お手伝いさんを叱りつけました。「私を叱ってもいいから、お手伝いさんたちをお叱りにならないでください」と言ってもきかないので、私はお手伝いさんにも気を遣いました。帰った主人はすぐお風呂に入り、それから食事中は話してはならないと言われ、子どもたちは黙って食事をしていました。食後はすぐに主人は二階に上がって自分の研究にと取りかかり、九時には子どもたちは必ず布団に入りました。

狭心症をおこす

大正十四年、私が三十二歳のときでした。主人は寝るのが夜中の二時や三時になったり徹夜したり、とにかく研究に没頭する日々が続きました。

そして主人は研究している間、決して私を休ませてくれませんでした。私は疲れていました。ある寒い日、調子が悪いからと二階から降りて行った私は、急に胸のあたりに激しい痛みを感じ、その場に倒れてしまいました。そのころ忠雄の体が弱かったので、看護婦さんにお手伝いさんとして来てもらっていました。その方に応急手当をしてもらうことができ、事なきを得ました。お医者さんに「このままだと死んでしまいます。絶対安静にするように」と言われ、それからの主人はびっくりするほど優しい人になりました。

本当に自分の子どものように、私を大事にしてくれました。

しかし、私が倒れてから七か月後、主人は列車事故で亡くなってしまうのです。

第三章　主人の死

第三章　主人の死

列車転覆事故

大正十五（一九二六）年九月二十三日、国鉄山陽線で列車転覆事故が起きました。その犠牲者の一人が、主人の重一でした。当時四十二歳、三菱造船の重役でした。高松宮様に新型魚雷の説明をするため、東京から長崎にある三菱造船に向かう途中でした。その日の朝、主人は高松宮様のおともをして、東京から長崎に行くことになっていましたが、長崎に行ってから宮様の前で手落ちがあってはならないからと、用意周到な主人は宮様より一足先に出かけていたのです。

二十二日の朝のことでした。いつもなら出かける前には洋服を着替えて準備を終え、車を待っている人なのに、その日にかぎって違っていました。朝食をすませても一向に出かける準備をしなかったのです。

「あなたは、大切なお役目のために出かけなければなりませんのに、どうなさったのですか」

「それが、あまり気がすすまないんだよ」

お手伝いさんがそろえたワイシャツに一度は袖を通したのに脱いでしまい、自分でタンスの中から別のワイシャツを取り出して、時間をかけて着ていました。いつもと違って出かける時間が迫っていました。

「別にワイシャツまでお着替えにならなくてもいいのに」

私にせかされて洋服に着替えて、一度玄関に出たのですがまた戻ってきました。

「なにしているんですか、あなたに似合いません」

「いや、それが昨夜、夢見が悪かったんだよ」

これが主人、重一との最後の会話でした。主人は夢や迷信を信じるような人ではなかったのですが。それなのに夢見が悪かったというのですから、よほど深刻な夢を見たのでしょう。私に心配をかけまいと気遣ったのでしょうか、それ以上のことは口にしませんでしたし、私も気持ちよく送り出そうと思って尋ねることはしませんでした。

「お迎えでございます」

表には車が来ていました。三人のお手伝いさんと私は、丁寧にあいさつをして送り出しました。主人が出かけた後、着替えた洋服の内ポケットに大切な書類が入ったままになっていました。まさか、その書類がなくては宮様に説明できないような主人ではないと、私は別に心配もしていませんでした。

主人の死

当日、私はいつものように朝早く起きて仕事を終え、二階の奥の間にいました。午前九時を過ぎていました。お手伝いさんたちが、何かあったらしく下で騒いでいます。どうも様子がおかしいので下りてみました。

「奥様、何か大変なことがあったようです」

「……」

「外は騒々しゅうございます。門の外にはもう（記者の）車が来ていますし、大勢の人がいます」

興奮した声でお手伝いさんの一人が言いました。そのころは、何か特別な事件があると「号外、号外」と鐘を鳴らして新聞を売り歩いていました。お手伝いさんの一人が、三銭ほどの号外を買いに走りました。

「奥様、大変でございます。だんな様が……」

そう言ったきり声がふるえて続きませんでした。私がお手伝いさんから号外を受け取ろうとしたのですが、真っ青な顔をして、見せようか見せまいか、どうしていいか分からないようでした。別のお手伝いさんが、見せまいとして号外を隠してしまいました。

その号外のトップには「山陽線列車転覆、桝本重一、他、三十九名死亡」とありました。

一瞬、頭がボーッとした私は、夫の身に何が起こったのか理解できませんでした。すぐ

東京朝日新聞 夕刊

下り特急列車顛覆し 乗客七十余名死傷す
線路崩壊を知らず進行して
今曉廣島付近の大惨事

突如大音響と共に 折重なつて顛覆す
後車が前車に食ひ込むなど 形容出來ぬ大惨狀

警戒中の消防小頭が 急信號したが間に合はず

判明した死傷者

特急列車顛覆の現場付近（過般の大水害の際撮影したもの）

急ぎ發廣して 井上鐵相語る

稲田局長 急行す

家族へ バスを發行

涙の家族たち 承つた桝本氏

聯盟の軍縮準備討議 全部やり直しを提議
米國代表の横やりで 突如聯盟に波亂起る

悲報に泣く 母親

いつも二等に乗るのに

死者氏名

新婚の危機

人魚は踊る

“MALVA” マルヴァ

牛込館

新橋演舞場

（1926年9月24日　夕刊　東京朝日新聞）

に三菱から三、四名の方が来ました。その中には主人とともに魚雷の開発をしていた大井上さんもいました。追いかけるようにして、海軍の人たちが次々とやってきました。

「奥様、この度は大変なことになってしまいました。どうぞ、いらない気遣いをなさらずに、二階でお休みください。何かご用があればこちらからお伺いします」

三菱本社の方から言われ、私は二階に上がりました。父方の祖母などから人前では涙を見せてはならないと教えられてきた私は、二階に上がると気を静めるために一生懸命お祈りしました。私には三人の子どもがいます。私がしっかりしなくてはならないと思いながらも、昨日、出かけていった主人のことが脳裏を駆け巡っていました。今朝、私は主人の夢を見ました。主人が子どもの部屋に入ってきて、寝ている子どもたち一人ひとりの顔をのぞき込んでいました。静かに部屋を出たかと思うと、また戻ってきて先ほどと同じように子どもたちの顔を見ていました。その動作を二、三度繰り返すと、私のそばに座って何か一生懸命私に話していました。ただ何を言っていたのかは、私には分からなかったのです。その夢をみたのは、主人が事故に遭った午前三時ごろでした。

私は子どもたちを二階に呼んで、主人が事故で亡くなったことを知らせました。長男の誠一が中学一年で、忠雄が小学五年、孝子が小学二年のときでした。誠一と孝子は声を出して泣きましたが、忠雄は顔を横に向けて必死に涙をこらえていました。主人の残してくれたこの子どもたちを立派に育てていきます。私は心の中で固く誓いました。十時過ぎ、広島まで亡き主人の遺骨を迎えに大井上さん、海軍機関学校で同期だった上田さん＊4らと出かけました。事故に遭った主人の姿を見せたくないので、子どもたちを連れていきませんでした。

広島駅の二階会議室で対面した主人は、きれいな顔で眠っているようでした。ただ、左の肩甲骨のあたりがへこんでいました。衝突のときにできたのでしょう。そこが致命傷のようでした。

＊4　上田宗重《むねしげ》　海軍機関学校を首席で卒業した秀才で、こののち中将となった。

葬儀はキリスト教で

次の日、私は主人の遺骨を抱いて東京に戻ることになりました。桝本家は日蓮宗でも私は主人の葬儀はキリスト教でやると心に決めていましたから、問題になる事は承知で、汽車で帰る途中「葬儀はキリスト教でやります」と電報を打っておきました。そして主人の遺骨を抱いて麹町のわが家に戻りました。そのときすでに親戚が大勢集まっていて、白黒の幕（黒白幕）が張られ日蓮宗の立派な仏壇が飾られていました。そこへ電報が届いたものですから、憤って神戸に帰ってしまう人が出るなど大騒ぎになっていたようです。そんな騒動の中で、私は帰ったのでした。

桝本家も清水家も日蓮宗で、仏式でやるのは当然だとみんな思っていたようでした。しかし、私の母も、母方の祖母もクリスチャンで、私は幼児洗礼を受けていました。幼いころから教会の日曜学校に行き、フェリス女学院で学んだ私は、主人の葬儀はどうしてもキリスト教でやると心に決めていました。それが当然だと思っていました。主人はクリスチャンではなかったのですが、聖書を読み、内村先生の書やキリスト教には関心をもっていました。遺骨を迎えに行く前に、喪主としてはっきりとキリスト教でやりますと言っておくべきだったのでしょうが、その心の余裕が私にはなかったのです。憤った親戚たちの前で、主人の遺骨を抱いたまま私は話しました。

「すでにお知らせした通り、主人の葬儀はキリスト教で行います。仏式ではいたしません。この仏壇に主人の遺骨を安置するわけにはいきません」

私がそう言うと、主人の兄たちが怒り出しました。

「何を言うのですか。桝本家は代々、日蓮宗ですよ。それに重一も桝本家の出身だ」

神戸の江戸幸を継いでいる二番目の兄はかんかんになって怒ったのです。それでも私は「確かに、私は桝本重一の嫁です。しかし、亡き主人は桝本家を継いだわけではありません。私も清水家を継いではいません。ご不満がおありでしょうが、私の言うとおりにさせてください」

私の言葉に、大阪で鉄工所を経営している一番上の兄も腹をたて

「重一の葬儀をキリスト教でやらせるわけには、いきません。末っ子の嫁が勝手なことをするのは許されない」と怒ったのです。

当時は、嫁が主人や家風に従うことは当然と考えられていました。後で聞くところでは、兄はどこからか日本刀を持ち出してきて振りかざし、親戚に取り押さえられていたそうです。遺骨を胸にしたまま、身内で争っている場合でないとも思いましたが、「はい、従います」などと言うことはできませんでした。

「宗教上のことでございますから、いいかげんにはできません。皆様がせっかくお集まりになって、立派にしてくださったのですが、みなお取り払いください」

私はきっぱりと言いました。こんなやりとりを神戸のお父さんとお母さんは黙って聞いていました。お母さんが仲介に入ってくださいました。

「内輪もめをしていては、重ちゃんに申し訳ありませんよ。早く重ちゃんを休ませてあげてください」

主人に先立たれ未亡人として三人の子どもを育てていかなければならない私を思ってくださったのだと思います。

「うめ子さんは喪主ですし、うめ子さんの言うとおり、重一もうめ子さんも桝本家や清水家を継いでいるわけではありません。信仰の違いによって、これからのうめ子さんの生き方も、お付き合いの仕方も違ってきましょうから、今はうめ子さんのおっしゃるとおりにしてください」お母さんは何を言われても動じない人でしたから、うまくこの場をとりなしてくれましたが、それでも不服な人は、みな引き揚げてしまいました。残った人たちで、私の言うとおり祭壇を花いっぱいに飾りました。その場には大井上さんも、市ケ谷《いちがや》教会の金井為一郎《かないためいちろう》牧師の奥様もいました。私は主人の遺影に向かって、「私は、これからキリスト教で立ちます」と誓い、その場におられた方々にも「よろしくお願いしますと」とあいさつしました。もう誰ひとり、口を出す人はいませんでした。

私が内村先生の著書を読んで先生を尊敬していたことは、大井上さんも知っていました。また主人が生前、萬朝報の論説を読んでいて内村先生の大ファンであったことも、よく知っていました。大井上さんは私の心をよく察して、自分の父親を通して、大島正健《まさたけ》*5先生から、内村先生にキリスト教での葬儀を執り行ってもらうよう頼んでもらったのでした。大井上さんのお父様が、大島先生と親しかったのだそうです。

私は市ケ谷教会の日曜集会には行っていませんでしたが、信仰を通して親しくしていた金井牧師の奥様は私の話をよく聞いていてくださり、「若いのに勇気あるお話には感心しました」と言われ、金井牧師に主人の葬儀を頼んでくださったのでした。

＊5　教育者　札幌農学校、同志社普通学校などで教員を務めた。札幌農学校一期生で、二期生だった内村は一年後輩にあたる。

キリスト教でのお通夜

お通夜には、海軍や三菱の方、私の親戚などさまざまな方が出席してくださいました。内村先生は講話を快く引き受けていただいたうえ、多くのお弟子さんを連れてきてくださいました。また金井牧師は、ふだんともに活動されている教会の信者の方を連れてきてくださいました。多くの方に参列いただいてありがたく思った反面、神戸の親戚の方の中に参列されなかった方がいたのは残念でした。

金井牧師は教会で活動されている一方、内村先生は無教会(内村鑑三が提唱した無教会主義のことで、信者の間では単に「無教会」と言われることもある。教会に付随してきた権威・権力を克服するという立場に立つが、あくまで「無」教会であって、教会の存在を否定する「反」教会という考え方ではないことは内村自身が日記に明記している)と少し考え方に違いがあるように思えました。

「キリスト教に教会です、無教会ですというのはおかしなことでございます。先生方、お互い手をつないで仲良くやってください」とお願いしますと、内村先生は笑顔で「奥さん、あなたの言うとおりにいたしましょう」そう言ってくれましたし、金井牧師も笑顔で応えてくれました。

お通夜は金井牧師の司式で始まりました。お祈りの後に讃美歌《さんびか》が歌われ、次に聖書朗読、祈り、讃美歌合唱とすすめられ、内村先生のお話がありました。[*6] その後、参列いた

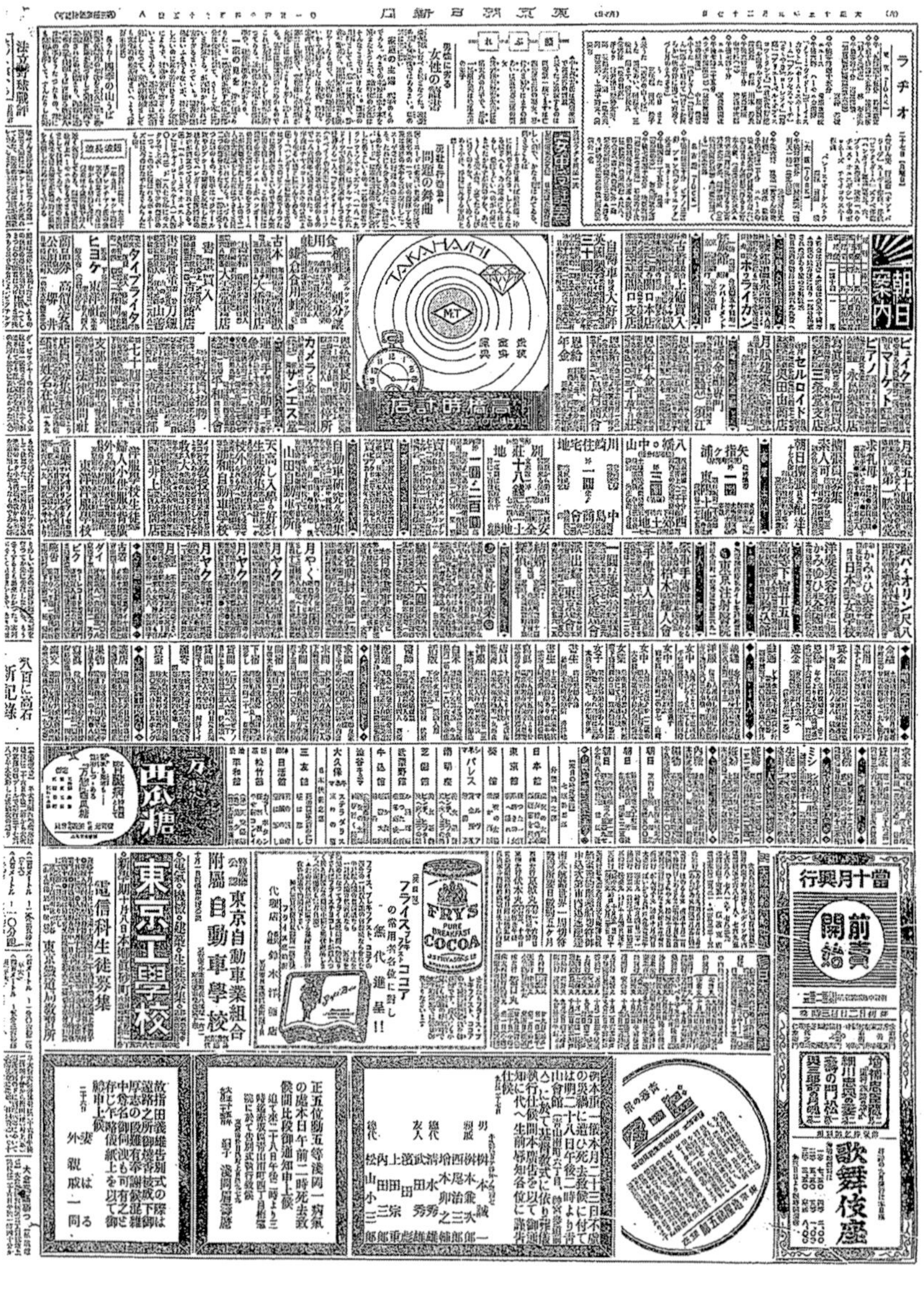

東京朝日新聞

ラヂオ

朝日案内

高橋時計店

西瓜糖

東京工學校

電信科生徒募集

東京自動車業組合

附屬自動車學校

フライス、ブレックファスト、ココア

の常用者各位に對し

一罐代進呈!!

FRY'S PURE BREAKFAST COCOA

當十月興行

前賣開始

歌舞伎座

（1926年9月27日　朝刊　東京朝日新聞）

だいていた声楽家の内田栄一先生が讃美歌五一二番「わが魂の慕いまつる」を独唱してくださいました。これには、清水家の親戚の方々が驚いていました。

＊6　内村鑑三は、この日のことを日記に書き記している。以下、内村鑑三（著）「内村鑑三全集29　1925～1926」（岩波書店）での該当箇所を引用する（もともと、『聖書之研究』に掲載されていた文章である）。（）のあるルビは、「内村鑑三全集　29」にあるのと同じもの。（）のないルビは、編者によるもの。はじめに登場する「椿事」は、「思いがけない一大事」という意味。

九月二十八日（火）晴　三菱造船会社技師桝本重一氏は本月廿《じゅう》三日山陽線に起りし鉄道大椿事《ちんじ》の犠牲者の一人であった。彼の家は日蓮宗であるが、彼の妻は基督教信者であり、彼れ自身が亦《また》過ぐる一ケ年程頻《しき》りに求道心《ぐどうしん》を起し、自分の著書を読み、自分を慕い呉《く》れしとの理由に因《よ》り、諸友人の勧めに由《よ》り、自分が其《その》葬儀を務むることになり、市ケ谷教会牧師金井為一郎君と共に今日午後二時より青山会館に於《おい》て基督教式の葬儀を行つた。三菱、海軍省、鉄道省関係の会葬者多く、会衆四百人余りあつた。自分は路伽《ルカ》伝十三章――五節に由り「災難是《こ》れ神の警告」なりと云《い》ふ事に就《つい》て語つた。知らざる人達に対し、知らざる人に代つて語ることであれば随分と骨が折れた。然《しか》し一には犠牲者全部三十八人の葬儀を行ふと思ひ、二には信仰の立場に堅く立ちて動かざりし未亡人の志を遂げん為に、出来得る限りの力を注いで此《この》六カ敷《（むずかし）》き任務に当つた。そして金井牧師並《ならび》に唱歌の任に当られし若き兄弟姉妹達と協力して滞りなく責任を果すことが出来て感謝であつた。是れ亦神と日本国とに対し為さざればならぬ義務であったと思ふ

葬儀

お通夜にも多くの方におこしいただきましたが、海軍にくわえ陸軍の関係者、三菱関係、教会、無教会、そして親戚関係と本葬にはお通夜よりさらに多い千人以上の方に参列いただきました。このときも金井牧師が司式をし、内村先生がお話をしてくださいました。

また高松宮様からは金一封を、三菱合資会社社長で長崎造船所の近代化をすすめた岩崎久弥《ひさや》様からはお花をいただきました。

葬儀が終わったその夜、私は勉強部屋に子どもたちを呼び、こう語りかけました。「今から大切なことを言います。お父様は亡くなりました。今日からは天の神さまがあなたたちのお父さまです。ですから何も心配することはありません。お母さんはこれからキリスト教でやっていきます。あなたがたもその覚悟でやってください」　三人とも黙って聞いていました。私はそれだけ言って部屋を出ました　「主人の残してくれた子どもたちを立派に育て上げます」　そう心の中で誓いました。

主人の死後

葬儀が終わってしばらくたってからでした。内村先生を訪ねたとき、先生は「財産管理はどうなっていますかね」とお聞きになったので、主人の友人を交えて親族会議が開かれることになっていますと伝えました。すると先生は「心配だから私も出席させてもらいましょう」と言ってくださったのです。内村先生や武田さんとも話し合った結果、（遺産のうち）半額を神戸のお母様の要求に応じて渡し、後の半分を生活費や教育費に使うことにしました。

私はそれまでお金を惜しげもなく使うことがありましたが、これからは生活費など必要なところに使い、できるだけ無駄遣いはしないようにしました。

武田さんの生いたちの詳しいことは知りませんが、とても恵まれた環境[*7]で育ったそうです。体格がよくて風格もあり、それに人格者で信頼のできる方でした。奥様は学者で、学習院大学の先生をしておられました。主人が海軍省に入った時、武田さんは主人の上司で、武田さんに見込まれ主人は三菱の参与になりました。武田さんは私たちの仲人でもありました。そんな関係で、主人も私も何かあると武田さんのところに相談に伺っていました。ご夫婦とも、とても面倒見のいい方で、私たちをわが子のようにかわいがってくれていました。

武田さんとは、家族ぐるみでお付き合いをしていました。私は結婚する前、お手伝いさんたちと一緒に習っていたこともあり、お料理が大好きでした。よくごちそうを作っては武田さん宅へ届けたり武田さん一家を食事にお招きしたりしていました。若かった私たちは武田さんからずいぶんいろいろなことを学ばせていただきました。武田さんには娘さんがいらっしゃって、娘さんは後に、豊田提督[＊8]の奥様になられました。そのころ（武田さんの娘さんと豊田さんが結婚されたころ）、豊田さんは海軍大学を出たばかりでしたが、私たちは豊田家ともお付き合いをさせていただいていました。他の人は大将夫人だとか中将夫人といいますと、みな畏れ多いと思っていたようでしたが、私には地位や名誉といった考えはなかったので、誰とでも親しくしていました。主人の研究は危険でしたので、大きな生命保険をかけ三菱銀行にも多額の貯金をし、私や子どものことを武田さんによく頼んでおいてくれていました。そして（武田さんは私たちの）子どもが大きくなったとき、三菱で引き受けてくれる約束まで、主人としてくれていたのです。

＊7　武田英雄の父・秀友は、土佐藩で家老を補佐する上席中老をつとめた人物。武田英雄は、官立の大阪英語学校、海軍兵学校を経て海軍機関学校に入学、卒業している。

＊8　豊田貞次郎《とよだていじろう》・海軍でエリートコースを歩み、最終階級は海軍大将。退役後に政治家・鉄鋼会社社長を歴任した。

第四章　内村鑑三先生との出会い

内村鑑三　68歳のとき
（提供：ICU アーカイブズ）

第四章　内村鑑三先生との出会い

内村先生を訪ねる

内村先生の本をたくさん読んでいくうちに、私は強く先生にひかれていきました。主人がいるうちに内村先生をお訪ねしたいと思っていましたが、それができませんでした。主人の葬儀がきっかけで、内村先生とお会いすることができたのです。今、思えば主人のおかげです。

内村先生は多忙なうえ気難しく、お弟子さんたちが行っても、よく門前払いされると聞かされていました。それでも、私はどうしても先生にお会いしたくて出かけました。大久保の駅で降り柏木《かしわぎ》に向かう途中、聖書を小わきに抱えた青年に会いました。内村先生の門下生のようでしたので、先生のお家を尋ねると「今、先生は執筆中だと言われてお会いできませんでした。これから訪ねられても、先生はきっとお会いになりませんよ。それに、初めての方なら行っても無駄だと思います」

親切に言ってくれたのですが、私は門前払いを覚悟で訪ねますと、最初に出てきたのは静子夫人でした。

うめ子先生が内村鑑三に出会って3年後
（左から大島正健　内村鑑三　伊藤一隆／提供：ICU アーカイブズ）

※伊藤一隆は、札幌農学校の一期生で、二期生だった内村の先輩にあたる。官吏《かんり》（公務員）として、北海道の水産業の発展に尽力した。タレントの中川翔子は、伊藤一隆の玄孫《やしゃご》にあたる（中川翔子の母方の祖母の祖父が、伊藤一隆である）。

「桝本うめ子です」と言うと、奥様は取り次いでくださったのです。すると先生が出てこられて「どうぞ、どうぞ」と言って二階の書斎に案内してくださったのです。先生のお話を伺っていますと、先生は皆さんが言われるように怖い方ではなく、愛の深いお方だと感じられました。その日、先生にお会いできたことが何よりもうれしく、私は気をよくして家へ帰りました。

柏木集会に行く

主人が亡くなって三か月くらいたつと、「奥さんもだいぶ落ち着かれたでしょうから集会にも出てみませんか」と先生に言われまれした。また、静子夫人からも「お暇ができましたらどうぞおいでください」と誘われました。次の日曜日、私は柏木の日曜集会に初めて出ました。内村先生の家のすぐ隣に今井館[*9]という集会所があり、三百人も集まっていました。キリスト教の日曜集会でこんなに大勢集まっていたのは初めてで私は驚きました。しかもいちどに参加希望者すべて今井館に入りきれないため、午前と午後の二回に分けて集会が行われていました。遠方の人たちには内村先生が伝道雑誌『聖書之研究』を発行し、伝道活動をやっていましたので、柏木には近くの方がほとんどのようでした。前講は塚本虎二《とらじ》先生で、初めて聞く塚本先生のお話は、今まで教会で聞いたお話より信仰的でした。次に内村先生が登壇されて、罪についてのお話をされました。内村先生による『ロマ書《しょ》』や『ヨブ記』[*10]（の講義）は、とても感動的でした。先生は演壇の下で靴をとんとん踏みならし、夢中になってお話されるので、みんな心を打たれ真剣に耳を傾けていました。自分はいかに罪深いかを語り、涙を流しながらお祈りされる力の入った伝道でした。

私は学生のころから聖書を読み、教会に通っていましたが、罪についてそんなに深く考えた事もなく、ましてや自分の罪などで悩んだこともありませんでした。ところが先生のお話を聴いて、自分がいかに罪深い人間であるかを知りました。いつでも神様の前で自分の罪をおわびしています。私は今でも聖書の詩編四編八節「平安のうちに私は身を横たえ、すぐ、眠りにつきます。主《しゅ》よ。あなただけが、私を安らかに住まわせてくださいます。」とお祈りしなければ安らかに眠ることができません。神様にすっかりお任せしているのです。私はどんなに忙しくても、欠かすことなく、日曜集会に通いました。

集会に出ておりますと内村先生の伝道のご熱心さは大変なものでした。[*11]内村先生のお話は分かりやすく、そして心に残るのです。

みんなは先生のお話を胸に、柏木から大久保駅まで戻るのですが、聖書を小わきに罪を抱えてだれひとり口を利く人はいないのです。それくらい内村先生からいただく信仰は、いつまでも心に深く刻み込まれていました。

＊9　実業家でクリスチャンでもあった今井樟太郎《しょうたろう》の遺志により、信子夫人が内村鑑三に寄付した資金をもとに建てられた講堂。今井樟太郎は生前、内村の講演を聞き感銘を受けていた。

＊10　『ロマ書』は、『新約聖書』六番目の書『ローマ人《びと》への手紙』のこと。『ヨブ記』は、旧約聖書におさめられているヨブを主人公とする物語のことをいう。

＊11　内村自身も、伝道に熱心に取り組んでいたことを文章に残している。関根正雄『内村鑑三』p一一四には伝道で「一〇年は寿命を縮めた」とある。

二人の子どもが日曜集会に行く

私は若くして主人を亡くし、信仰を大事にしながら三人の子どもを一生懸命に育てているときでしたので、内村先生は特別目をかけてくれました。

大正十五年十二月の末のことでした。内村先生が家に来てくださった次の日曜日、誠一と忠雄は内村先生に誘われたといって、大喜びで私より先に柏木に出かけました。それも（小学生が対象の）日曜学校ではなくて、大勢の大人が参加している日曜集会に顔を出したのです。柏木集会は内村聖書研究会の会員券がないと会場に入れないことになっていました。そのとき受付には政池仁《まさいけめぐむ》先生がおられたのですが、二人が「内村先生からお誘いいただきました」と伝えたにもかかわらず、会員券がないから入れないと言われたそうです。政池先生は二人の名前の確認に内村先生のところへ行ってくれ、やっと二人は集会に入れてもらうことができました。次の日曜日からは、兄の誠一は麻布《あざぶ》中学校の一年生でしたから大人の集会へ、忠雄の方は小学校五年生で日曜学校に入れてもらいました。誠一は大人の集会ではいちばん若く、日曜学校では忠雄が最年長組でした。そのころ日曜学校の校長は石原兵永《ひょうえい》先生、最年長組の担当は鈴木弼美《すけよし》先生でした。忠雄は、生涯を共にする鈴木弼美先生と（このときに）出会ったのでした。

内村先生のところへ相談に行く

武田さんは私たちの仲人でしたので、主人が生きていたときは、よく武田さんのところに相談に伺っていました。主人が亡くなってからは、武田さんのところへも行きましたが、私は信仰をもつ内村先生のところへよく相談に行きました。先生も私の家まで来てくださいました。内村先生は気難しくて怖いと言う人もいましたが、私は誰よりも内村先生が好きで相談しやすかったです。

まだ若かった私は、遠慮することも知りませんでした。それこそ、生活上ちょっとしたことでも内村先生のところへ相談に行きました。先生は私がいつ訪ねても快く迎えてくださいました。よく先生のところへ行っている人でも、静子夫人の部屋であいさつし先生のご都合を聞いてもらってから二階の先生の書斎に通されたそうですが、私の場合は静子夫人がすぐ二階の先生の書斎に案内して下さいました。先生のご機嫌の悪いときだとか、お疲れのときは奥様がお相手してくださったときもありましたが、私の方から電話して出かけて行ったこともあって、お会いできないことはまずありませんでした。先生が丹前（綿を入れて作った防寒着）でくつろいでいるときにお茶の間でお会いしたこともありましたが、いつでも先生に相談できました。私には、いいおじいさまでした。私がお伺いすると、いつも静子夫人が笑っておりました。

「奥さん、今日は何の用事で見えましたの。子どものことでしょう」と先生がおっしゃるのです。「他に身の上相談なんかありませんもの」そう言いますと、先生は子どものことですからいつでも喜んでお祈りしてくださいました。

鈴木弼美先生との出会い

私は主人が亡くなった時、「お母さんは、これからキリスト教で立ちます。あなた方の父親は、これからは天の神さまです。何も心配することはないのですよ」子どもたちにそう言いましたが、まだ信仰が浅かったこともあって、母親だけの力だけでは足りない気がしていました。主人がいなかったために子どもを一人前に育て上げられなかったでは子どもに済まないし、悔いが残ります。主人が生きているときからお付き合いしていた方の中には（海軍退官後に内村先生に師事された）山田鉄道《かねみち》さんなど立派な方がたくさんおられました。一方で、中には黙って私の手を握る方もいました。そこで、私は信仰をもった内村先生の若いお弟子さんたちの力をお借りしたいと思いました。

内村先生の若いお弟子さんたちは、人格的に優れ、教養があり、地位や名誉にはとらわれない立派な生き方をされていました。私はどうしてもお弟子さんたちに子どもの家庭教師をお願いしようと思って、内村先生にお願いしました。先生は「だれがお宅のお子さんの適任者か、祈っておあげしましょう」とおっしゃってくださいました。

数日後、再び先生をお訪ねしました。私がいつ伺っても先生はご機嫌で
「奥さん、四日間お祈りしましたが、あなたのお子様の家庭教師には、政池仁、鈴木弼美、鈴木俊郎《としろう》、山本泰次郎《たいじろう》がよいでしょう。他にも大勢いますが、この四人の方は信仰もしっかりしていて、すばらしい青年たちです」

政池仁先生と鈴木弼美先生は東京帝大（現在の東大）の理学部出身で、政池先生は静岡高等学校の教授、鈴木先生は帝大の助手をしていました。それに鈴木俊郎先生は慶応大の出身で、山本泰次郎先生もみな新進の学者で、教養だけでなく、信仰もしっかりした人たちでした。

「すばらしい先生方を紹介してくださいましてありがとうございます。ここでもう一つ、私のわがままを聞いていただけるなら、信仰はもちろんですが、男の子には語学も教えていただきたいのです」

「そうですね、語学となると鈴木弼美君がよいでしょう」

鈴木先生は英、独、仏、伊、ヘブライ、ギリシャ、ラテン、そして日本語の八か国語を話す秀才でした。語学となると、鈴木弼美先生の右に出る者はいませんでした。

「女の子には、だれでもいいというわけにはいかないでしょう。優しい方がよいと思うので、鈴木俊郎君はどうでしょう。信仰もしっかりしているし、とても優しい方ですよ。奥様は舞もやる芸達者な方ですからね」

先生は自分で頼んでくださるとおっしゃったのです。それに「政池先生も山本先生もよい人たちですから、その人たちにもよく相談に乗ってくれるように話しておきましょう」と言ってくださいました。

次の日曜日、柏木集会が終わると内村先生が「これから鈴木弼美君と鈴木俊郎君を紹介しますから」と言われました。後の話（後になって知った話）なのですが、鈴木弼美先生が声をかけられたのは第八高等学校（名古屋高等学校、現在の名古屋大学）のときの恩師である山田幸三郎先生と久しぶりに会ってお話されているときだったそうです。内村先生に呼ばれて来た弼美先生と、私は初めてお会いしました。内村先生は、その場で誠一と忠雄のことをよく頼んでくださいました。それからすぐ俊郎先生もお呼びになり、孝子のことも頼んでくださったのです。

私は鈴木弼美先生の自宅が代々木八幡にあることを知って、翌日あらためてお願いにあがりました。弼美先生はお母様と一緒に暮らしておられ、東京帝大の先生でおられるのに、ちっとも偉ぶったところがありませんでした。背が高く、舶来の洋服を着てすごくおしゃれでしたが、男らしくお世辞などよけいなことは言いませんでした。さすが内村先生が紹介してくださった紳士で信頼のできる方だと思いました。弼美先生は内村先生の紹介もあって、忙しい中でしたが、週一回、子どもの家庭教師を引き受けてくださったのです。俊郎先生は、私が自宅にお願いにあがる前に、私の家に奥様と一緒に訪ねて来ました。俊郎先生ご夫妻は、まだ子どもがいなかったこともあって、孝子の家庭教師を喜んで引き受けてくださいました。こうして私は内村先生のおかげで、信仰を通した先生方とのお付き合いが始まったのです。

モアブ会に入って

私がモアブ会に入ったのは、主人が亡くなって四か月たった昭和二年の初めごろでした。モアブ会というのは、内村先生のご令嬢のルツ子さんが亡くなられた翌年に内村先生が作られた先生の聖書研究会の夫人たちの会で、会員は信仰がしっかりした、そうそうたるご婦人方ばかりでした。

会合は毎月一回、第三水曜日にその月の当番の会員のお宅で行っていました。私が、初めて会合で訪れたのは宝田あい子さん[*12]のお宅でした。

会はたいてい午後にやり、遅くとも四時ごろには終わりました。会には内村先生と静子夫人が出席されたのですが、一緒に来られることはありませんでした。内村先生は体が大きいので二人引きの人力車でやってきます。その後少したってから静子夫人がおかかえの音吉さんの人力車でやってくるのでした。静子夫人が会長なので上座に座っていただくと、先生は「静子、おまえはそっちへ行け」とおっしゃるのです。静子夫人は「はい、はい」と言って下座に移りました。

内村先生は聖書をただ読むだけではなく、当番を決めて自分で勉強してきたところを説明させていました。そして、その後みんなに感じたことを述べさせて、最後に先生が話をなさるのでした。

静子夫人が話そうとすると、「静子、おまえは言わなくていい」と言われるなど、なかなか気難しい面もありました。会の出席者は二十人から二十五人くらいで、宝田あい子さん、斎藤仁志《ひとし》さん、松田敏子(本名:敏)さん、伊藤せいさん、田中梅子さん、坂本木枝《このえ》さん、小平いち子(本名:いち)さん、塚本善子《よしこ》さん、畔上《あぜがみ》むつさんが、いつも出席されていました。私がいちばん若かったので、みなさんからかわいがっていただきました。(内村先生は欠席で)静子夫人がひとりでおいでになったときは、聖書の研究や感想の時間は短くして、お茶菓子などを食べゆっくりしていただくようにしていました。

＊12　本名は「宝田あい」敬称の「子」をつけて、「あい子」と呼ばれていた。娘・れい子の夫が『空気の研究』などの著作で知られる評論家・山本七平であることで知られる。

私の家で

私がモアブ会に入ってからは、私の家で集まることが多くなりました。家が大きいのと、主人がいなくて私がいちばん若かったので（参加者の方が）気がねなく集まることができたからです。私の家に集まる度に「桝本さんの家はいつもきれいになっていますね」と言われました。私は毎朝早く起きて、門の前から前庭をきれいにして、玄関先までほうきの目を立てておきました。主人が生きていたときから、いつも私はそうしてきました。

あるとき、近くに住んでいた政池仁先生が朝の五時ごろに見に来たそうですが、すっかりきれいになっていたのでびっくりしたそうです。

私は翌日に集まりがあると、前日にお花を買って水揚げ（茎が水を吸収しやすくするよう手助けする作業で、花を長持ちさせるために行われる）をしておき、その日の朝のうちに生けておきました。私は自分の勉強にもなるので、喜んで家を使ってもらいました。モアブ会はもちろん、祈とう会や主人の命日（記念日）、クリスマスのお楽しみ会などで私の家で集まるときは、いつも内村先生も静子夫人も来てくださいました。特にクリスマスのときは、子どもたちにも来てもらうので一階も二階もいっぱいでした。私はみなさんに喜んでもらうのが大好きなので、お手伝いさんと二、三日前から、五、六品の料理を作って準備をしました。幸い私は生活に困ることはなかったので、惜しみなく（お金を）使いました。

モアブ会の人たちとはお友たちの病気見舞いに行ったり、困っていればお手伝いに行ったりしてお互い助け合っていました。特に松田敏子さん、斎藤仁志さんは私と同じ町内なので、普段から親しくしていて、しょっちゅう、（おたがいの家を）行き来していました。

内村先生の呼びかけに応じ、先生がつくられた世界協賛会を通じシュバイツアー博士に寄付したこともありました。またこのころ、信仰を通じてお付き合いがあった持地《もちじ》（エイ子　本名：エイ）さんと在日朝鮮人の方が多く暮らしている居留区に食事を届けに行くこともありました。赤飯や煮物を詰めて持っていくと、とても喜ばれました。

内村先生は昭和五年の三月に亡くなられたのですが、その後もモアブ会は静子夫人を中心にして続けられました。

私がここ（叶水《かのみず》）に来てからも、二回ほどうかがいました。山から採ってきたアケビを持っていき、料理してみんなに食べてもらいました。宝田さんはご主人の実家が（叶水から五十九キロほどのところにある）新潟県村上市にあったこともあり、ここ叶水まで二回ほど来られました。私が村上まで行くこともありました。昭和三十二年ごろで、まだ旧校舎にいたときでした。三帖の私の部屋に泊まり、一晩中語り明かしました。

若い先生たちと

誠一と忠雄は弼美先生、孝子は俊郎先生に教えてもらっていました。弼美先生のところへは週一回か二回、放課後になると二人で習いに行くことになっていましたが、先生は忙しい方で決まった日というわけにもいかず、しょっちゅう、日時を変更していました。二人が先生の研究室まで出かけたり代々木八幡の先生の家に行ったりすることもありました。

誠一も忠雄も弼美先生が大好きで、喜んで勉強を習いに行きました。

弼美先生のことを聞くと「よい先生だよ、教え方も上手ですし、聖書のお話もしてくれる。ときどきバイオリンを弾いてくれる」と言うのです。そのころ、先生は名器のバイオリンを持っていました。またレコードもたくさん持っていて、子どもたちに聞かせてくれていました。先生は夕食を食べに来て、ついでに子どもに勉強を教えて帰ることもありました。孝子の家庭教師である俊郎ご夫妻も、よく家に来てくれていました。ご夫妻には子どもがいませんでしたので、とても孝子をかわいがってくれました。孝子は柏木の日曜学校に通い、ときどき菊名にある俊郎先生のお家へも一人で遊びにいきました。

成宗《なりむね》にいたころ

私は麹町の大きな家から牛込に移り、二年ほどそこにいて、それから阿佐ケ谷に移りました。

私は童画家の岡本帰一《きいち》先生*13を、友人を通して知っていました。岡本先生のお宅は、成宗（現在の杉並区成田東）にありました。石垣を積んだ高台に建っていて、周囲は田畑が広がっていました。岡本先生が亡くなり、奥さんがお困りになってその家を気に入ったら借りてほしいとおっしゃったのです。

「もしお住まいになってお気に入りなら買っていただいて結構です」とも言われました。私は家賃を払ってお借りしようと思いました。家を借りてもらえないかという話が出たとき内村先生はすでに亡くなられていましたが、相談すると喜んでこう言ってくださったと思います。

「岡本さんの家のすぐ前には、私の親しい斎藤宗次郎《そうじろう》さんが住んでいますよ。斎藤宗次郎さんはよくできた人で、ずっと信仰に生きてきた方です。それに奥様もとても優しい方です。お嬢さんの多祈子《たきこ》さんもとてもいい方ですよ。（多祈子さんの）ご主人の茂夫さんは、明治学院大学の先生で、一家をあげて信仰熱心な方々ですから、あなたにもお子さんにもよいでしょう。そういう方があなたの家の前に住んでおられるということは、大変幸せなことですから親しくお付き合いして下さい。私の方からも斎藤さんによくお話しておきましょう」

そうした立派な方々とお付き合いできることは、とてもうれしいことで私は喜んで成宗に移りました。斎藤宗次郎先生と言えば内村先生のお弟子さんたちの中で有名な方で、真っ白いひげをはやした威厳のある立派なおじいさまでした。宮沢賢治と親しく、『雨ニモマケズ』のモデルとされる方でした。

斎藤宗次郎さんの家は、通りを隔てた高台の私の家から見下ろせる所にありました。斎藤さんは毎朝五時ごろ起きて、家の周りで畑仕事をしておられました。野菜やイチゴなどを作って、旬になると私のところにも届けてくださいました。多祈子さんのピアノの伴奏に合わせ、茂夫さんが庭でシューベルトの歌曲を歌われることもありました。それに五人のかわいい娘さんたちがよく庭に出て遊ぶ姿が、私の家の縁側からよく見えました。私や子どもが縁側に出て手招きすると、小さい子どもたちは喜んで家に遊びに来ていました。

斎藤さんの子どもたちは、家の子どもたちをお兄様、お姉様と呼んで親しくしていて、うちの子どももよく斎藤さんの家に遊びに行っていました。

鈴木弼美先生が日曜学校の校長先生をしていたとき、斎藤宗次郎さんも日曜学校に来て、私の子どもたちにも教えていました。そんな関係もあって斎藤宗次郎さんは私の子どもたちをよく知っていました。私は成宗に十年以上も住んでいましたがその間、斎藤さんとは子どもたちはもちろん、一家あげてお付き合いをさせていただき、信仰はもちろんですが、多くの感化を受けました。忠雄は自分も将来は斎藤家のような生活をしたいと夢見ていました。夜、忠雄は電気蓄音機でクラシック音楽をかけたりして、音楽好きになっていきました。忠雄がチェロを弾き、やがて忠雄と結婚することになる華子さんが歌を歌うなんてこともありました。

忠雄が三菱を辞めて百姓になったのも斎藤家の影響が大きかったようです。

そのころ、濱田成義《はまだしげよし》先生が五十メートルほど離れたところにお住まいでした。（鈴木弼美先生も会員だった帝大聖書研究会の会員だった縁で）うちに来られることもあり、手料理をふるまったこともあります。（学園で長く理事を務められた）濱田先生と独立学園でお会いしたときは、驚いたものです。

＊13　童画家は、特に子どものための絵を描く画家のこと。岡本は童話雑誌『金の星』や児童雑誌『コドモノクニ』で挿絵を担当していた。

孝子を自由学園に

私の家では、母も祖母も羽仁先生の婦人雑誌『家庭之友』（『婦人之友』の前身）創刊号からの愛読者でした。

母は商売で多忙なこともあって羽仁先生の思想をうまく実践できなかったのですが、岡山のおばあさんは羽仁先生の思想を多くとりいれていました。

羽仁先生はキリスト教の信仰にもとづく思想家で旧目白（いまの西池袋）に自由学園をつくり、先生の思想を生かした独特の教育をされていました。私は羽仁先生の友の会に入って、『家庭之友』や先生の著作をたくさん読んでいました。ある時、先生とお会いできる機会があって直接先生のお考えをお聞きし、それからは何度か先生とお付き合いをさせていただいていました。私は娘の孝子を女らしく育てたい、家庭生活を大事にしてもらいたいと考えていました。羽仁先生とお付き合いをさせてもらっているうちに、先生の考え方や生き方、「祈りつつ、思想しつつ、生活しつつ」（朝起きて聖書を読み、昼は疲れるまで働き、夜は祈りて休む）という生き方、生活を合理化して余った時間やお金を社会の幸せのために使う姿勢に共鳴しました。

自由学園に出願しますと、羽仁先生ご夫妻が私の家までおいでになり、いろいろとお話した後にわが家をご覧になられ、「お嬢さんを自由学園に入れてください。私たちがお引き受け致しましょう」と言ってくださったのです。そのころ希望してもなかなか入学できない人も多くいたのですが、娘の孝子はありがたいことに自由学園に入れていただきました。

自由学園で多くを学ぶ

私は孝子を自由学園に入れ、それと同時に学園の父母会の幹事を務めました。学園の行事がある日は、朝の四時ごろ起きて弁当を作り、その日のことを全部終えてから、後はお手伝いさんにお願いして出かけました。私は両親に早く死に別れたので、内村先生や羽仁先生を私の両親のように思っていましたし、何かある度に内村先生や羽仁先生のところへ相談にいきました。

内村先生からは深い信仰を、羽仁先生からは「思想しつつ、生活しつつ、祈りつつ」という生活を学びました。私は先生方の教えは本当にすばらしいと思い、生活の中に取り入れました。私は内村先生の若いお弟子さんたちやモアブ会の人たちと一緒に信仰を学びながらも、羽仁先生の（翌日にそなえ就寝前にしっかり片付けておく、日曜にはしっかり掃除するといった）家庭的な一面も身につけてきました。私はできるだけ生活を合理化し、余った時間やお金を有効に使うという羽仁先生の思想を実践しました。

私が華美でない生活をするようになったのは時代の流れが理由でもありましたが、孝子を自由学園に入れていたので、母親として、羽仁先生から生活の多くを学ばせてもらったからでもあります。

誠一が小国伝道に行く

大正十三年に内村先生は世界伝道協賛会をつくり、シュバイツアー博士などに資金援助をしておりました。小国伝道も、大正十三年に始まりました。内村先生がアメリカのアーモスト大学に留学していたころから抱いていた「外国人宣教師の入ったことがない日本の山奥に、純粋なキリスト教を伝えたい」という夢を、お弟子さんだった政池仁先生や鈴木弼美先生、鈴木俊郎先生がかなえられたのです。

一九三一（昭和六）年の夏休み、誠一は鈴木弼美先生に連れられて小国へ伝道に行きました。それ以前から政池先生や鈴木（弼美）先生は小国伝道に行き、帰ってくると私の家によく来ていましたが、（小国について私から）聞かれれば小国はいいところですよと話すだけで、私には詳しいことは何も話してくれませんでした。そのころ、誠一は明治学院（大学）の生徒で熱心なクリスチャンでした。昭和五年の夏でした。鈴木弼美先生が誠一を小国へ連れて行きたいと言われ、誠一も一度小国へ行ってみたいと言ったのです。私も誠一のよい勉強になると思い、連れていってもらうことにしました。「伝道はそんなに生やさしいものではありませんよ、まだ若いあなたにできることは限られているでしょう。とりあえず、今は荷物を持ったり、背負ったりしてあげる役ですからね」

私はそう言って出かける前に誠一のリュックに、お世話になった所に差し上げるようにと、コンビーフや鮭の缶詰、それに医薬品などたくさん詰めてやりました。

実家の父はすでに亡くなっていましたが、貿易商でしたので孫のために当時としては驚くほど高価な舶来品をいろいろと買ってくれていました。その中に、パテベビーというカメラ付きの映写機やコダックという写真機もありました。それらを鈴木弼美先生にも使っていただこうと思い、誠一に持たせました。映写機と写真機はそれ以前の小国伝道でも、鈴木弼美先生や政池仁先生に使っていただいていました。当日の朝早く、鈴木先生が誠一を家まで迎えに来てくれました。伝道は山の中の小国へ出かけるのですから、道中の無事をお祈りして出発しました。伝道に出かけた二週間の間、無事であるという便りが届いていましたので心配はしませんでした。とはいえ、早く顔を見たくなるものです。帰りは鈴木先生が家まで誠一を送ってくださることになっていましたが、私が駅まで迎えに行きました。鈴木弼美先生も誠一も日焼けして元気で帰ってきました。

誠一は男の子で、私から小国伝道のことを聞かないと自分からは話そうとはしませんでした。それでも聞けば、最初は驚くことが多かったと話してくれました。山村は貧しかったので、缶詰などを持っていくと、村の人たちは本当に喜んでくれたそうです。「お小遣いに十円を宿の子どもにあげると、おうちの人がそんな大金はいただけませんと言って返される。そこで五銭か十銭をあげると喜んで、お礼にお餅をついてごちそうしてくれた」「方言が聞き取れず、苦労することはあったがみんな親切にしてくれた」と話していたのが印象的でした。

内村先生亡き後

内村先生が亡くなる前後、大勢いた若いお弟子さんたちは次々と独立していきました。内村先生のように聖書の伝道誌を出して、集会をもった人が多かったです。

内村先生が健在でおられた昭和三年に畔上賢造《けんぞう》先生が独立、塚本虎二先生は昭和四年に独立して丸の内で集会を始められていました。塚本先生は私が内村先生の集会に出ていたとき、畔上先生と交代で内村先生の前講をされていた方です。まだ若かったのですが、大正十二年の九月、関東大震災で奥様を亡くされ信仰を深められたお方で、聖書の研究はもとよりダンテの研究にも（造詣が）深かったです。先生の講義は分かりやすくて、しかも信仰的で、女性の方に多くのファンがおりました。塚本先生が内村先生から別れていったとき、多くのご婦人のお弟子さんたちも別れていきました。私は内村先生がご健在だったときは、塚本先生の集会には行かないで、内村先生の集会に出ていました。

内村先生が亡くなると、私はモアブ会で塚本先生の妹の善子さんとも仲良しでしたので、善子さんに勧められて、丸の内の塚本先生の集会に出るようになりました。塚本先生が独立すると、代わって前講は石原兵永先生が務めることになりました。（内村先生の）静子夫人から、「今度石原先生が独立して集会を始めたから応援してあげてください」と言われていたので、私は石原先生の集会にも出るようになりました。ところが、（石原先生は）内村先生の後を継ぐのではないかと疑念を持たれると、生前内村先生が跡継ぎをつくらないと言われていたことを気にされて、今井館での集会を二、三か月で辞められ、荻窪《おぎくぼ》の自宅で集会を始められました。昭和五年の六月ごろのことでした。そして石原先生は伝道誌『聖書の言《ことば》』を出されて、独立伝道に入られました。山本泰次郎先生なども独立していきました。

私は塚本先生の妹の善子さんや畔上先生の奥様ともモアブ会でいつも一緒で、集会がある度に二人とも私の家に来てくださっていました。私は主人が亡くなってからは、時間の許すかぎり、石原先生の集会、塚本先生の集会、畔上先生の集会にも出ていました。みなよい先生ばかりでした。

石原先生は昭和十八年ごろまで荻窪で集会を続けられましたが、戦争が激しくなってくると集会に出てくる人もだんだんと少なくなっていました。石原先生は政池先生のように激しいところ（声高に戦争反対を叫ぶ一面）がなかったから、さほど弾圧を受けることもなかったようです。

戦争が激しくなると、石原先生や政池先生は地方伝道を始めました。私は山本泰次郎先生の日曜集会にいました（このころの集会には、のちに東海大学の創立者になる松前重義《しげよし》先生も来られていました）。誠一、忠雄と一緒に集会に出ていましたが、政池先生が反戦論を唱えて摘発され官立静岡高等学校の教員をお辞めになり集会を始められると、誠一と忠雄はそちらへ移っていきました。孝子は、菊名の鈴木俊郎先生のところへ行っていました。

内村先生の弟子たちはよく私の家に

内村先生のお弟子さんたちは、よくわが家に来られました。私の家は大きかったし、主人が亡くなっていますので気兼ねなく来ることができたようです。うちで、家庭集会をされる方もいました。また主人の記念日（命日にあたる日　キリスト教では「死は祝福されるもの」なので、記念日と表現する場合がある）には鈴木弼美先生、鈴木俊郎先生、政池仁先生、山本泰次郎先生、斎藤茂夫先生ご夫妻、それにモアブ会の人たちが何人も来てくれました。

中野時代

誠一が昭和十二年に明治学院の英文科を卒業し武田さんのお世話で三菱重工業に、忠雄は慶応の予科から法科に進み、翌年の十三年に慶応大学を卒業すると同時に、やはり武田さんのお世話で三菱石油に入りました。孝子は自由学園を卒業するとすぐ、鈴木俊郎先生の紹介で、明治学院を出て東洋レーヨン（現在の東レ）に勤めていた鈴木茂さんと結婚し、京都の山科《やましな》の社宅に移りました。忠雄は三菱に入社してすぐ、幹部候補生として軍隊に入りました。誠一は八丈島に、やがて孝子の夫の茂さんも、戦争に行きました。

三人とも相前後して兵隊にいきました。私は三人の子どもがみな応召されたとき、いろいろな物を持っていました。「私は何と罪深いのだろう。どうか、神様、これをみなお取りください、その代わり御心《みこころ》あらば三人の子どもの命をみなお返しください」と一心に神様にお祈りしました。

馬橋《まばし》の生活

昭和十六年、戦争の始まった年でしたが、弟の秀雄は私を馬橋の家に入るように勧めました。誠一は昭和十七年に結婚し、忠雄は十八年に幹部候補生から中尉になって一年帰ってきました。「産めよ、増やせよ」と言われた時期、国に子どもをもうけることを望まれての一時帰宅でした。そして忠雄が華子と結婚し、十九年に再び応召されて北支（中国・華北地方）へ行きました。それから内地勤務となり、鎌倉で終戦を迎えたのです。

京都への疎開

昭和十八年空襲が激しくなってくると、私は秀雄に疎開するように言われ、それまで住んでいた馬橋から京都郊外の八木に行きました。家財道具はみな置いていきましたが、着物だけは疎開先に持っていきました。八木では、山科に嫁いでいた孝子とお舅《しゅうと》さん、お姑《しゅうとめ》さん、それに秀雄の家族も一緒でした。三家族みな一間ずつ借りていました。

昭和十八年、負け戦が続き、誠一は八丈島、忠雄は御殿場、茂さんはフイリピンへ、三人とも遠くへ行っていました。結婚したばかりの華子は体が弱く、その時、下田の実家に帰っていました。忠雄は三菱に籍を置いて軍隊に行っていました。三菱にいたとき忠雄の上司が家田課長さんでしたが、のちに家田さんは社長になった人で、家田さんに三菱に戻るようにすすめられたのですが、忠雄は三菱を辞めてしまいました。なにせ戦争中の物不足で食べる物もない国民耐乏生活の時代でした。孝子は山から木を切って薪《まき》を作り、それでご飯や風呂を炊く、それが仕事でした。私にはお金や宝石類がたくさんあったのですが、宝石類は戦争のために、みな供出してしまいました。持ってきた着物はだいぶお米と交換しました。インフレですからお金をたくさん出しても、農家の人はお米を譲ってくれませんでした。農家の人に「着物を持ってきなさい」と言われ、着物を持っていけばお米と取り替えてもらえました。

終戦直後の二十年八月末、忠雄が帰ってきました。その後八丈島に行っていた誠一が帰ってきました。それから茂は南方から帰って来ました。三人とも相前後して出征し、相前後して帰ってきたのです。私は物がなくなっても、少しも惜しいとは思いませんでした。むしろなくなっていく度に、心が豊かになっていきました。宝石類や着物などたくさんあったものを、神様は見事に取り上げてくださったのです。物がなくなっても（誠一、忠雄、茂さんと）三人の子どもたちが帰ってきてくれたときは、神様よくぞ私の願神様は正しいことを聞いてくださるのだと思いました。

第五章　茨城へ

うめ子先生ご一家
（左から潤、華子、進、忠雄、うめ子、安子）

※この写真は1969年、うめ子先生がすでに小国で書道教師をされていた67歳ごろのもの。なお、安子と潤は一家が茨城にいたころに生まれている。

第五章　茨城へ

忠雄のところへ

常に物質的に不自由のない生活をしていても、私の心の中にはいつも満たされないものがありました。羽仁先生からは質素な生活を学び、私自身は質素なつもりでも、他人から見れば華美に見えたのです。そうした私の生き方は、二人の息子の生き方にあらわれていました。二人とも大学を出ると三菱に入りましたが、兄の誠一は派手な生活を好み、弟の忠雄は反対に地味な生活を好みました。

誠一は初めのころ（学生のころ）は忠雄よりも信仰熱心でしたが、三菱に入ってからは信仰をもたなくても立派な人がたくさんいるのに感化されて、しだいに信仰も薄らいでいったのです。そして誠一は美しくてきれいな人を選び、結婚式を帝国ホテルで盛大にやりました。弟の忠雄は結婚式ではお酒も飲まず、招待客も二十人以下という質素なものでした。だから華子の家も、私も何をすればいいのか困ったほどでした。

初め私は誠一夫婦と一緒に生活をしていました。馬橋では誠一も忠雄も応召されて留守でしたので、空襲が激しくなると、（誠一の）嫁の芳子さんや孫のえり（絵理子）と一緒に八木に疎開しました。やがて終戦を迎えると、私の願いを神様は聞いてくださったのです。誠一も忠雄も孝子の夫の茂も無事に帰ってきました。誠一は三菱に戻りましたが、あっさりと信仰を捨ててしまいました。弟の忠雄は三菱を辞めて、家財道具も全部売って百姓の道を選んだのです。昭和二十一年ごろは、親は長男夫婦と一緒に生活するのがまだ普通で、嫁の芳子も洗礼を受けクリスチャンでしたが、私と芳子はうまくいきませんでした。

忠雄が私に「お母さん、うちに来なさい」と言ったとき、華子は体が弱かったから大変だったと思います。華子は仕事もできませんでしたし、私と一緒に暮らすことが怖く、お母さんのような真似はできませんと言っていました。

私は華子と一緒に暮らすとき、嫁と姑の問題が起こることは覚悟していました。そのころ忠雄は貧乏のどん底にありましたが、私は信仰をもっている忠雄の生き方を信頼していました。忠雄の生き方がしっかりしていました。私は貧乏でも忠雄の生き方を選びました。

戦時中、義理の息子、それに二人の息子を戦争に取られたとき、私は自分自身に対して、こんなに多く物を持っていて何と罪深い人間だろうと思いました。もう何にもいりません。神様の御心がありましたら、三人の息子をどうかお返しくださいと祈りました。その結果、神様への祈りがかなえられたのですから、これ以上、私は何を求めましょう。

それだけで十分だと思いました。神様の命ずるままに従うことにし、私は忠雄のところに行くことにしました。

茨城県の筑波《つくば》へ

昭和二十一年、忠雄は茨城県の筑波山麓《さんろく》に開拓地を買い、華子のお兄さんの憲二さんと一緒に入植していました。戦時中、華子のお父さんが筑波に疎開していた関係もあって、そこを手に入れたのでした。

華子には太郎さんと憲二さんという二人のお兄さんがいました。忠雄は太郎さんと大学が（同じ）慶応で仲良しでした。終戦となり太郎さんは株式会社東京石川島造船所を辞め、憲二さんは台湾銀行（にお勤め）でしたが（GHQの命令を受け解散したことで）二人とも職を失っていました。太郎さんは種子島《たねがしま》に、憲二さんと忠雄は筑波に入植することになりました。はじめ忠雄も太郎さんと一緒に種子島に入植するつもりでしたが、華子は長いこと結核を患い体が弱かったので、結局は華子のお父さんのいる筑波に憲二さんと一緒に入植し、(忠雄は結核療養所にいた華子を呼び寄せて）二人で共同生活を始めたのです。

華子が忠雄のところへ行って一年くらいたった翌年の二十二年、私は忠雄のところへ行ったのですが、そのとき開拓地では十五軒ほどが暮らしていました。私が行ったときは、小屋には忠雄と華子とそれに（華子の兄・芦谷《あしや》太郎の合唱団のお弟子さんである）光橋晋一郎《みつはししんいちろう》と（私の妹の次男で忠雄を尊敬していた）高畑稔《たかはたみのる》という二人の青年が開拓を手伝って一緒に暮らしていました。[*14] 本来なら兄の誠一のところで暮らせばいいのですが、私にとっては大変なことでした。忠雄や華子のお兄さんのやることですし、それに疎開して住んでいる華子のお父さんもいるので、いくらなんでも食うや食わずの生活はしていないだろうと思っていました。戦後の食料難でしたが、百姓さえしていれば、食べるには心配ないと言われていたころでしたから。私は阿佐ケ谷にいたとき、斎藤宗次郎さんは百姓をやっていましたし、忠雄は三町歩《ちょうぶ》（およそ三ヘクタール）も農場を持っていると聞いていましたので、広々とした豊かな農場を想像していました。忠雄は家財道具をみな売って入植したのですから、筑波への間中、私の頭の中は夢で膨らんでいました。

横浜、東京、長崎と都会暮らしをしてきた私は、入植してからまだ二年くらいしかたっていない忠雄のところへ行くのにも、髪を結い上げ、錦糸の着物に羽織を着て畳の下駄《げた》（竹の皮を編んだ畳表で作った下駄で正装・礼装に合わせることができる）を履いていきました。筑波鉄道の藤沢駅（常陸《ひたち》藤沢駅）まで忠雄が迎えにきてくれていました。

筑波山の麓《ふもと》で小さい駅でした。荷物は馬車で運んでもらうことにして、私は忠雄と一緒に歩くことにしました。上り下りの坂のある道を一時間以上も歩くともう薄暗くなっていました。

忠雄は親孝行な子で、私が疲れないように気遣ってくれていましたが、親子二人の道程はとても楽しかったのです。

私は途中、忠雄の所へ行けば楽しく暮らせると思い、楽しい生活を夢に描きながら歩いて行きました。

＊14　うめ子先生が独立学園に赴任された後、太郎さんは二度学園に来校し生徒にピアノ演奏などを披露している。また、光橋さんも二度来校しともに来校した妻と合唱を披露している。高畑さんは学園の卒業生と結婚し、学園で結婚式を挙げた。

忠雄の家に着く

忠雄の家に着いたときはもうあたりは暗くなっていました。華子と稔と晋一郎が私を迎えに出てくれていました。私はびっくりしてもう声も出せませんでした。私が今まで考えていた所とはあまりにも違っていて、建っていたのは暗がりに見える掘っ立て小屋で、電気はないし、中には小さなランプが一つぶら下がっているだけでした。床といっても土間で、そこに板を敷き、その上にはむしろが敷かれていました。周りの壁はまだ塗りたてで泥の臭いがしていました。そして畳どころか、ガラス戸も障子戸もなかったのです。十畳ほどの一間しかない部屋の隅には、忠雄が私のために作ってくれたベッドが置かれていました。本当にここが忠雄の家だろうかと考えていたのですが、着いてしばらくすると、お便所に行きたくなったのです。お便所はどこにあるのと忠雄に聞くと「お母さん、お便所は外に出て向こうに行くとありますよ」と指さして言うので「随分遠い所にあるのですね」と私がもう一度聞き返すと「お母さん、お便所は向こうの方まで行かないとだめなのですよ」とまたいうのです。

忠雄が小屋に住んでいるだけでも驚いているのに、まさか便所が外にあるとは思わなかったのです。ひどいところへ来てしまったと思いました。外はもう暗かったし一人でなんか怖くて行かれません。私はきれいな着物を着て畳の下駄を履いて来たのですが、だれかついてきてくれとも言われない、我慢できなかったし急いで外に出ました。お便所はだいぶ離れていました。草むらの道を行くと、何か萱《かや》を立てかけ、わらで囲った小屋が建っていました。さっきよりもっとひどい小屋でした。むしろが下がっていて中に入ると暗くてよく分からなかったのですが、土に穴を掘っていてそこに大きな桶《おけ》が据えてあって、その上に板が二枚渡してありました。用を足すとき、それをまたぐのです。生まれて初めてなので、びっくりしてしまい、足がふるえてそれっきり出なくなってしまいました。それがお便所だったのです。

「お母さん、お風呂に入りなさい」と言われたのですが、お風呂はまた、ドラム缶にお湯を沸かしたものでした。その晩はびっくりしてとてもお風呂にも入れませんでした。それから水が飲みたいというと忠雄が井戸の方へ連れていってくれましたが、つるべ（井戸水をくみ上げる桶）の代わりに飯ごうを縄でつるして水をくみ上げてくれました。まな板もないし、ナベもまた一つしかないのです。飯ごうでご飯を炊いていました。テーブルもないし、夕飯はみんなで土間に腰を下ろして食べましたが、それも雑炊でした。八木でも食べ物はなかったのですが、それでも農家へ着物を持っていくと、お米と取り替えてくれましたから、ご飯も食べられたのですが、ここではご飯さえ食べられなかったのです。私は疲れていたし、みんなも気をつかってくれたこともあってすぐ休んだのですが、頭がボーッとしてその晩はなかなか眠れませんでした。朝、起きた忠雄はネズミと一緒でしたから、シラミまでついていました。雨が降れば雨漏りのするお粗末な掘っ建て小屋での生活でした。

まあ、何とひどい生活だろう。大変なところへ来てしまった。ここでの生活、はたして私にやれるだろうかという不安もありました。だけども私は誠一のところへ行く気になれず、ここを選び、忠雄が私をここに連れてきてくれたのです。実家はもうありませんし、ここよりほかに行くところがありません。とにかく忠雄と暮らすことを覚悟して来たのです。忠雄はこうした生活を好んで百姓になったのだし、華子だって忠雄と夫婦であっても東京育ちで、初めから好んでここに来たわけでないのに一生懸命やっているのです。私は好き好んで来たわけではないのですが、私だって百姓仕事ができないはずはないのです。実際、こんな暮らしが若い人たちの夢の生活なのかという思いもありました。

でも忠雄は愚痴一つこぼしません。朝早くから晩まで一生懸命に働いています。そんな忠雄の姿を見たとき、私もやらねばならないという勇気が出てきました。私は息子に教えられた思いでした。こうなったらもう忠雄と働くしかない。ろくに食べるものもない食うや食わずの生活の中で、忠雄などは飯ごうのふたで雑炊を食べている。それでも私が来たのでうれしくてしょうがないようでした。逃げ出すことはできませんでした。

泥棒にあう

私は、茨城へは大きなトランクを三十個持っていっていました。そのとき、トランクを馬車で運んでもらったのですが、運んでくれた人が後でトランクをみな持って行ってしまったのです。八木では着物を農家へ持っていけば農家の人はお米と取り替えてくれましたから、食べ物にそう困ることはなかったのです。それが、ここでは貧乏なのに着物は二、三枚しか残っていないので、モンペを作ったり、野良着を作ったりするとお米と取り替える着物もありませんでした。本当に食うや食わずの生活でした。

茨城での生活

忠雄はキリスト者でしたが、戦争に行っていました。たとえ戦場に出ても敵に銃弾は向けないと誓って行ったのです。しかし戦争が終わって帰ってきたときは、自分はもう偽善者のようで、二度とキリストの名前を口にしないで、行動だけで伝道しようという思いがますます強くなっていったようです。そのため、キリストの名を口にすることはしませんでした。忠雄は開拓組合を作り組合長をやっていました。食うや食わずの生活の中でもみんなのために働いていたのです。ところが入植してしばらくたったとき、忠雄は大勢の村人を集めて自分が聖書の話をしていたキリストの夢を見たと言います。とても自分は罪深くて行動だけでは福音は伝えることはできない。どうしても伝道活動はお話をすることが大事だと。そこで、忠雄は華子のお兄さんの憲二さんと一緒に日曜学校を始めたのです。それまで誰ひとり忠雄をキリスト者だとは思わなかったと言います。華子のお兄さんの憲二さんの大きな家で、憲二さんのオルガンを使い、華子がオルガンを弾き讃美歌を教え、忠雄はキリストのお話をしました。初めは村の子どもたち五、六人しか集まらなかったそうですが、私が行った時は十二、三人集まっていました。隣村の坂田の子どもたちまで来て、多い時は二十人くらい来ていましたし、クリスマスには三十人くらい来ることもありました。

こうして日曜学校は成功したのでした。それから十時ごろになると、稔は小屋の戸を開けて英語の練習を始めました。私と晋一郎は二人でご飯作りにとりかかります。私があまり早く起きると華子も気を遣って早く起きます。できるだけ華子には無理をさせないようにしていました。ご飯といっても大きな鍋に菜っ葉や芋の入っている糅《かて》マンマ（糅《かて》飯《めし》のことだと思われる。まぜごはんのこと。糅は、はんと炊き合わせる具材のこと）か雑炊でした。貧乏で茶わんもろくにないのです。忠雄は私の着物で作ってやった野良着を着て喜んで何日も脱ごうとしないのです。それを着て忠雄は畑に出て朝の四時ごろから夜の九時ごろまで働いていました。忠雄が華子に小さい椅子を作ってくれました。華子はその椅子に腰掛けて、日中、パラソルをさして畑に出て忠雄の働いているところを見ているのです。小屋にいるよりも健康的ですし、華子も私と同じ都会育ちで体が弱く無理すれば流産してしまう。そんなことで村の人は桝本さんの奥さんはパラソルさして畑の草取りをしているといって評判でした。華子もしだいに丈夫になり、私の行った翌年の二十三年に初孫の安子が生まれました。そこで、華子と忠雄は華子の父がそれまで住んでいた家に移っていきました。私は二人の青年と一緒に小屋に住んでいました。私は一日中、畑に出て草取りとウサギの世話をしました。忠雄は親孝行な子で「お母さんにはウサギがよいでしょう」といって六匹のウサギを飼い、箱を作ってくれました。ウサギを飼うととても楽しくて私は一生懸命ウサギの世話をしました。モンペ、地下足袋《じかたび》を履いて、大きなかごを背負い、かまを持って毎日毎日ウサギのえさ取りをしていると、よくしたものでウサギが増えるのが楽しいし、かわいいし、五年間で百匹にも増えました。夜は石油の空き缶に木綿糸を立て、ランプをつけておくのですが暗くて本を読むことができませんでした。夜はいもあめや干しいもを作り、夜なべ（夜にやる仕事や家事。夜、鍋で物を煮て食べながらすることが由来）が終わると忠雄は毎晩のようにチェロを弾き、華子はそれにあわせてアベマリアなどを歌ってくれました。戦後で何もない時代でしたが、忠雄も華子も心豊かに生活していました。華子の結核もストレプトマイシンなどの新薬の発見によって治るようになり、若い華子は丈夫になり、四、五年もたつと荷車を引いて歩くまでになりました。

戦時中、華子の姉が下館《しもだて》に疎開していました。そこの家ではつくだ煮を作っていました。こうなご（イカナゴの稚魚）やシラウオのつくだ煮で、私たちにもそのつくだ煮を分けてくれていました。それを忠雄が組合員に安く配給していましたが、売ったら少しはお金になるだろうと、華子が隣村につくだ煮を売りに行くと言いました。華子がかわいそうで私もついていきました。その時一回きりでしたが、なにせ生まれて初めてで華子がつくだ煮かついで、「ごめんください、つくだ煮いりませんか」と言うと、みんなはけげんそうな顔をして見ていました。「あの、つくだ煮ですけど」華子が小さな声でやっと言うのです。私が「さようでございます」と言うとみんなはびっくりして、上から下までジロジロ見て「いらなかったたねえ」などと言われる。そうやって売り歩く人もいるが、商売は大変な仕事だと思いました。
ある時、小学校の先生方に買ってもらうことになり、華子がかごに入れてかついでいきました。クリスチャンの教頭だったそうですが、「こんにちわ」とあいさつして教務室に入って行くと「百姓はぺこぺこするもんだ」といきなり怒鳴られ、びっくりした華子は帰ってきてから泣いていました。キリストは一番のしもべになれと教え、いちばん下に仕えるのだと分かっていても、本当のしもべになることは大変なことでした。私は高ぶっていたのです。そのことを教えられたのでした。三町歩ある農場も作物ができるようになってきていました。芋、カボチャ、ほうれん草、エンドウまめ、それにスイカ、キュウリなど、こうしてみんなが力を合わせて働いたおかげで少しずつ生活も楽になっていったのです。ところが、入植して六年目の昭和二十五年の九月の水害で農場は一晩のうちにすっかり流されてしまいました。朝起きたら農場は水浸しになっていて、それから何日も水は引かなくて、とうとう農場を捨てなければならなかったのです。

鈴木先生が頼みに来る

昭和二十五年の十一月ごろでした。鈴木先生が、筑波山麓の開拓地にひょっこりとやってきました。先生とはそれまでもずっとお手紙のやり取りはしていたのです。忠雄は茨城で水害に遭ったことも知らせてありましたが、私たちが東京を引き揚げてからは、もう何年も鈴木先生とはお会いしていませんでした。

九月初めの豪雨のため糸井川が氾濫し、一夜のうちに三町歩もあった私の家の農場も流されてしまいました。開拓に入って五年目で、ようやくいろいろな作物がとれるようになり、生活がやっと楽になってきた矢先でした。私の家では一円の収入もなくなってしまいました。しかも農場は、二十年程前までは沼地だったそうで、いっこうに水が引きませんでした。十月二十九日に二番目の潤が生まれしばらくしてから、忠雄は私たちと離れて暮らすことになりました。赤ん坊の安子、潤をおいて、一家の生計を支えるために親戚を頼って群馬県沼田にあるブナ材の協同組合に出稼ぎに出ました。忠雄が出稼ぎに出てしばらくたったある日。朝、私が松葉を燃やし、煙たくて涙を流しながらご飯を炊いているときのことでした。鈴木先生が再び見えられたのです。その時忠雄は沼田に行っていていませんでしたから、開拓地での水害の話などを聞き「こんなにいいところで開拓を続けられなくなることは不思議なくらいです」と言ってお帰りになったのです。数日後、先生は三度訪ねてこられました。その日のうちに帰られたのですが、東京にでもおいでになって立ち寄ってくださったのでしょう。その後、潤を産んで華子も落ち着いたので私たちは忠雄のいる沼田へ引っ越しました。

忠雄が開拓地を出て沼田へ引っ越すとき、忠雄は先頭に立って開拓農業協同組合を作り、五年も組合長をしていましたから、開拓地の人々は忠雄に組合にいて仕事をしてくれるように引きとめました。私たちが沼田へ行って数日後、今度は鈴木弼美先生が沼田へ訪ねてこられました。その日先生は泊まっていかれました。独立学園は矢内原《やないはら》先生の教え子で、戦後満州から引き揚げてきた西村秀夫先生が三年にわたって教頭をつとめられていましたが、東京大学に助教授として転出されることが決まっていました。また、それにともない音楽の先生をされていた西村先生の奥様も退職されることが決まっていました。もし、筑波の開拓を離れ、農業を辞められるのであれば、ぜひ学園に来ていただきたい。そうすれば学園を維持していける。鈴木先生はどうしても来てほしいとは口にこそ出しませんでしたが、態度で示しておられました。[*15] もう四回も訪ねてきてくださっているのです。よほどお困りだったのでしょう。忠雄は鈴木先生の教え子で、先生を信頼していましたから、小国に行くことに決めました。しかし、私と華子は（小国に行くという）返事がなかなかできませんでした。先生は、私たちの返事を待っていたのでしょう。三日も泊まられました。忠雄は小国ではどれくらいお金が必要か、生活はどうかなど、そんなことはちっとも考えることもなく、食うや食わずの生活（になるかもしれない）など考えず、小国での生活に憧れていました。鈴木先生を見ていますと、先生は私と華子の返事を待っておられるのがよく分かりました。私がいくら考えてもどんなところか想像もつきませんでした。でも鈴木先生のことですから、信頼するより外ありませんでした。

「私がお引き受けしても、そこがうまくいくという事もないでしょうが、まあ、とにかく行ってみましょう。行ってもすぐ嫌になるかもしれませんが……」

そう言うと先生は「まあ来てみてください、新鮮な野菜は食べられますし、空気はおいしいし、ぜいたくできるいいところですから」と言われ喜んで帰られました。華子はなかなか決断がつかないらしくて、石原先生や政池先生に手紙を出して相談していたようでした。石原先生は、「体の弱い華子にはこれ以上苦労はさせられない。ましてや山の中で百姓はかわいそうだから東京に帰ってくるように」との返事があったそうです。(一方で忠雄と）華子の結婚式の司式をしてくださった政池先生からは「小国では共同生活の苦労はあるけれども、それでもよいというのなら行ってください」という返事が来たのです。華子は神様のお導きだと思って、小国行きを心に決めたのでした。

山の中に入り、百姓して百年後のことを考えたい（忠雄)。山の中に入り、ピアノを勉強して恵まれない子どもたちの母になりたい(華子)。そんなふたりが結婚したときお互いに誓い合ったことが、実現することになったのです。

*15　西村教頭が退職し学園はつぶれるとのうわさが、学園がある村で流れていた。その影響で、桝本一家が着任した年度は村内からの入学者がいなかった（基督教独立学園　2002)。

第六章　小国《おぐに》へ

夏の旧校舎

第六章　小国へ

小国へ

　昭和二十六年の五月初めでした。私たち家族は小国の独立学園高校に引っ越しました。小国へ来る前、忠雄は華子の義理の兄が経営する沼田の材木工場へ出稼ぎしていたので、華子も私も二か月ほど、沼田で忠雄と一緒に暮らしていました。学園に来ることが決まった忠雄は、いつも生き生きしていました。

　忠雄は教頭として入学式に間に合うように、（学園に）三月に行っていたものの、小国のことや学園の詳しいことは何も話してはくれませんでした。

　よく晴れた日でした。朝一番の汽車で私と華子は安子と乳飲み子の潤を連れて、沼田駅を出発しました。沼田を出て清水トンネルを抜け、越後平野を北へ北へと進んで、新津《にいつ》駅で乗り換え、羽越《うえつ》線で坂町駅まで来るとそこから乗り換えの度に寂しくなってきました。坂町から米坂《よねさか》線に乗り継いだ汽車は、五月初めだというのにまだ、だるまストーブを使っていました。乗客はマントの下に、モンペを履いていて、なんとなく田舎へ来てしまったという感じでした。私は髪を結い上げ、和服にちりめんの羽織を着て、畳の草履を履いていました。華子はワンピースにチョッキを着ていました。華子も私も都会育ちで、乗客の話している言葉（方言）はさっぱり分からず、まるで外国へでも来てしまったと思われるほどでした。そんな私たちを、車内の人たちは物珍しそうにジロジロ眺めていました。やがて汽車は越後下関《しもせき》駅を過ぎると汽笛を鳴らし、いくつもいくつもトンネルをくぐり、鉄橋を渡り山の中に入っていきました。山あいの荒川渓谷はすばらしい（ところな）のに、どんなところへ行くのかと思うと心細くなって、ゆっくり景色を眺めるゆとりなどありませんでした。華子も不安そうでした。小国に向かったのは、華子が二番目の子・潤を産んでおよそ半年のころだったのですが、小国へ来ることになってからは、母乳が一滴も出なくなっていました。校長先生はこちらに来れば乳牛を飼っている家もあるし、学園には乳の出るヤギも一頭飼っているので少しも心配はないと言ってくれました。それでも華子は心配して牛乳ビンを何本も持ってきました。午後四時ごろ、私たち一家は米坂線の伊佐領《いさりょう》駅に着きました。駅は山のすぐ麓でとても田舎でした。小さい駅で駅員が一人か二人、それに乗客も私たち家族のほかに一人か二人しか降りませんでした。本当に驚いてしまいました。まるでキツネにでもつままれたのかと思うほどでした。

駅前には忠雄と、若い男と女の人がリヤカーを引いて迎えに出ていました。学園に勤めている飯田さんと一年生の東海林《とうかいりん》さんでした。駅から少し歩くともう険しい岩山が迫っていました。そこを指さし、「あの山の向こうに学園があります」と飯田さんが教えてくれました。そして私の足元を見て、とてもとてもその草履では歩かれませんと言い、そこで私は潤を抱いてリヤカーに乗せてもらいました。安子は、東海林さんがおんぶしてくれました。

飯田さんが「さあ出ましょう」と言ってリヤカーを引いてくれました。忠雄は私をかばうようにしてリヤカーを押しながら脇について歩いてくれました。山の麓の岸壁を流れる横川にかかる橋を渡ると、道は川の上流に向かって上っていました。やっと、リヤカーが通れるほどの石ころばかりの道でした。この辺りからは険しい絶壁を削り取った「へづり」（川に迫った険しい断崖・へつりのこと。小国方言では、「へづり」と「つ」が濁って聞こえることがある）がしばらくの間続くと言われました。あまり体が丈夫でない華子も、途中からリヤカーに乗せてもらいました。「へづり」は、一歩道を踏み外すと谷底へ落ちてしまうほどの危険な所です。忠雄も心配してリヤカーをしっかり押さえてついてきました。怖くて怖くて、リヤカーに乗っていても生きた心地がしませんでした。リヤカーではねた石が転がり落ちて、しばらくしてからパッチャンと下のほうから（石が落ちた音が）寂しく聞こえてきます。大変な所へ来てしまったものだと思いました。それからつり橋を二か所も渡りました。渡る度に揺れるのですが、生まれて初めて渡ったのでとても怖かったのです。やっと前方が少し開けて家が見えてきました。しかし、学園はまだまだ先でした。夕陽《ゆうひ》はすぐそばの山に隠れてしまい、辺りは薄暗くなってきました。山あいの川風はとても冷たくて、辺りの木々の緑がいっそう暗さを増していました。伊佐領の駅から山道ばかり三時間もかかって七時近く、やっと目指す学園に着いたのです。

学園に

学園は山あいの小さい村の外れにあって、片側は山になっていて、幅十メートル以上もある大きな川のすぐそばに建っていました。薄暗くなった中に、何だか大きな木造の建物が一軒建っていました。

「さあ着きました。ここが学園ですよ」飯田さんは、長いこと引いてきたリヤカーを止めて言いました。坂を少し下りて入り口に立ったとき、私はとても驚いてしまいました。薄暗い玄関の奥は土間で、そのすぐ脇にはヤギが一匹飼われていました。

まさかここが弼美先生のお住まいではないだろう。まさかここが学園ではないだろう。あまりにもみすぼらしい建物でしたから……頭がボーッとしてしまい、何が何だか分からなくなってしまいました。

「さあさあ、お入りください、本当によく来てくださいましたね」

薄暗い中から懐かしい校長先生ご夫妻が、私たちを出迎えてくださいました。

「どうぞ、どうぞ、上がってください。疲れましたでしょう。ここは良いところですから心配などいりませんよ」弱美先生も奥様のひろ先生もにこにこしてうれしそうに言われました。私は内心、これは大変な所に来てしまったと思っていました。

五月なのに部屋にはストーブが赤々と燃えていて、若い女の人が薪をストーブに燃やしていました。それがとても鮮やかな印象でした。中には大勢の人がいて、私たちは薄暗い板の間を通り、奥の方へ案内されました。そして忠雄と華子は六帖《じょう》の部屋に、私は障子戸一枚で仕切られた隣の三帖の間に通されたのです。

それからみんなが大きな部屋に集まって、夕食が始まりました。大勢の人がいてみんなにあいさつはしたのですが、私は本当に驚いてしまいました。私は東京での弱美先生の家も生活もよく知っていましたし、ここの地も内村鑑三先生が夢にまで見た土地だったから、さぞや立派な学校を建てて伝道されているのだろうと思っていました。ここがはたしてお住まいであり、ここがはたして学校なのだろうか。私の想像していた事とはあまりに違っていて信じられなかったのです。それでも所変わればやり方も変わると言われますので、ここは初めての人には、まずこういう所に通してから学校などを案内してくれるのだろうと勝手に解釈し、夜になれば校長先生夫妻は必ず家に戻って行くだろう……。私はそう思っていました。

校長先生や忠雄が一言でいいから、ここが校長の家であり、学校だと教えてくれれば心の準備はできたのです。お手洗いに行きたくなった私はひろ先生に「お手洗いはどちらでしょうか」と尋ねると「あちらでございますよ」とおっしゃったので行ってみたのですが、行ってみてまたびっくり。きれいに掃除されていても、ひどい便所でとても用をたす気になれなくなってしまったのです。それでも茨城と違って家の中にあったからまだよかったし、小さい電灯も一つついていました。共同生活をやっていたのでご飯をいただいてから、お風呂でした。ひろ先生の教え子だという田辺さん[*16]が七歳になる男の子を連れて一緒に生活していて、炊事を担当してくれていました。

その晩は私たちの歓迎もかねておはぎを作って、最高のもてなしをしてくれました。「今晩はみんなで十七人でございます」と田辺さんが言われました。それがとても印象的でした。校長先生がみなさんを紹介してくれました。

学園に泊まっているのは、一年生三人と浪人していた（校長先生の甥《おい》の）鈴木正明君、二年生でひろ先生の甥の石井幸夫《ゆきお》君、そして私たち一家五人、それに斎藤正広先生と田辺さん親子、校長先生とひろ先生でした。忠雄は、なんだかとてもうれしそうでした。それからすぐ私と子どもは、お風呂に入れてもらいました。その夜私は疲れていたのですぐ休ませてもらったのですが、驚きと不安でなかなか寝付けませんでした。明日は本当の学園を案内してくださるのだろう。そんな期待がありました。川のせせらぎが絶え間なく聞こえてきます。今は暗くて分からないのですが、まさかここが学園なんかではない、校長先生だって自分の家に帰っていくだろうし、明日の朝は早起きして学園や校長先生の家を見てやろう。きっと川のほとりに立派な校舎が建っているに違いない。いろいろなことを想像していました。

私の頭の中には東京での校長先生のイメージしか湧いてこないのです。甲斐絹《かいき》（かつての甲斐国でつくられていた絹織物）問屋の息子でしたから、お金持ちで大きな御殿みたいな家に住み、ハイカラで、舶来のバイオリンを弾き、帝大の学者先生でしたから、そして校長先生は、小国で暮らし始めてからも東京に来るとよく私の家に寄ってくれたり、泊まってくれたりしていましたが、

「山の中は空気はおいしいし、新鮮な食べ物はたくさんあって贅沢はできるし、それに皆さんは親切でいいところですよ」

そんなことしか言いませんでした。政池先生も、同じようなことしか話してくれませんでした。

私たちが小国に来る前に、校長先生は何回も（来てほしいと）頼みにこられたのですが、そのときもあんないいところはありませんよと言うだけで、大変な所だとは一言も言いませんでした。来てみれば確かに校長先生の言うようにいいところですが、でも大変な所です。いろいろと今日通ってきた所が目に浮かび、一晩中よく眠れませんでした。

翌朝は辺りがまだ薄暗いうちに起きて窓を開けてみましたが、冷たい川風とせせらぎの

音、まわりは山で川沿いは開けてはいても、私が考えていたような学校らしい建物は何もありません。今度は外へ出てみました。しかし、校長先生の住むような立派な家も、学校らしい建物もありませんでした。いま泊まっている大きな古い木造の建物があるだけなのです。木材が積んであったり切った木などが雑然と置いてあったり、私はそうした場所を見るだけで部屋に戻ってしまいました。ここはどう見ても学校ではないですもの、家でもないし、倉庫でもないから、後で校長先生が学校を案内してくれるはずだ。私は一人そう思い込んでいました。朝の六時になると、生徒がガスボンベを鳴らし、それが起床の合図でした。朝食は山菜料理とご飯、あとはたくわん二切れだけでした。本当にびっくりしてしまいました。見るもの、食べるもの、みな驚くことばかりでした。あまりにも貧しい生活でした。

当時はどこでも貧しい生活をしていましたが、校長先生は貧乏のどん底だったのです。地下室では、飯田さんが（学園の収入増につながればと）木工作業に取り組んでいました。一階に職員が暮らす部屋が、二階が寄宿生用の部屋と教室がありました。

驚いたことに、校長先生夫妻は三帖の部屋に、その隣には田辺さん親子が一緒に住んでいました。私がどうしても探し、見てやろうと思って期待していた学校がここだったのです。学校は、校長先生が昭和八年に買った大きな納屋を解体、移築してつくったのだそうです。あの東京でのぜいたく三昧の生活をしていた校長先生が、朝はたくわん二切れでご飯を食べ、夜はまたジャガイモのシチューをかけて、みんなと同じご飯を食べているのです。あまりにも校長先生ご夫妻の変わった生活ぶりに驚きました。私は少しずつ落ち着いて冷静さを取り戻してきました。一生懸命に祈りました。私にもこんな生活ができますようにと。華子もまた、口には出しませんでしたが驚いたでしょう。忠雄は東京の生活よりこうした山の中の生活に憧れて、三菱を辞めたのでした。山の中に入って百姓したり、先生をやったりして、伝道したいという願いをもっていて、貧乏を少しも苦にしないようでした。宮沢賢治のような生活を望んでいたし、何より自分の恩師であり、もっとも信頼する鈴木弼美先生のところに来ることができて、忠雄は生き生きとしていました。

＊16　ひろ先生が独立学園創立前に教員をしていた私立山中高等女学校時代の教え子。山中高等女学校は教員を養成する師範学校で、田辺さんは一九四八年四月から三年間、独立学園で職員（独立学園の職員名簿では、教員も用務員も一律に職員と表記されている）をしていた。田辺さんがうめ子さんと出会ったのは田辺さんの退職後だが、退職後もひきつづき共同生活を続けていたのだとみられる。

校長先生ご夫妻の姿勢に学ぶ

私は学園に来る前、茨城の開拓生活を経験しましたので、まだよかったのですが、ここへ来ても驚くことばかりでした。学校も校長先生のお住まいも一緒でしたし、私の部屋は（一人で）三帖でしたが、校長先生とひろ先生のお部屋は二人で三帖でした。着るもの食べるものみな粗末なものでした。

それに山の中で貧乏生活をしているのに、二人は愚痴一つこぼさないのです。むしろ生き生きと生活しているのです。ここへ着いて、二、三日たってから炊事係の田辺さんの具合でも悪かったのでしょうか。校長先生とひろ先生が台所に出ていました。東京では校長先生は帝大の先生でした。それが、ここでは繕った服を着て火吹き竹で窯の火を燃やしていたのです。

ひろ先生は手ぬぐいをかぶって、たすきをかけ、着物の裾をはしょって腰巻を出して、一生懸命炊事をやっていました。校長先生はみそ汁をつくって、ひろ先生に味をみてもらっていました。みんながまだ休んでいるのに、いちばん上に立つ人として当たり前のこととしてやっていたのです。その二人の姿を見たときに「いちばん上になりたい者は、すべての人の僕《しもべ》になりなさい（『マルコによる福音書』[*17]十章四十四節）」とキリストは教えていますが、キリストに従うということはこのことだと思いました。そのとき私が学んだことは、人間はどんな境遇でも、立派に生きられるということでした。いつでもその境遇に応じて変わることができるようでないといけないのです。息子の忠雄も三菱を辞め、いまこうして貧しい生活の中でも喜んでやっているのです。嫁の華子だって愚痴一つこぼさないでいるのです。母親としての私も変わらねばならないのです。私も以前は、華やかな生活を経験してきました。そのとき他人は私を幸せだと言ってくれましたが、私は一日も心の休まる日はありませんでした。

翌日から私はたすきをかけ、川原へ孫のおむつ洗いに行きました。石の上でおむつを洗っていると、川の水は黙って汚れを流してくれます。私も黙って洗い流してくれるこの川の水のようなきれいな気持ちになろうと、頑張らねばならないと思いました。洗ったおむつを日の当たるところに干しておくと、すぐ乾きます。きれいな自然の中で喜びをいっぱい感じるのでした。家に戻ると学校の便所掃除も始めました。水はどんなに汚いものでも黙ってきれいに洗い流してくれます。本当に人間は心の持ち方で変わるものです。どんな境遇にいても、その場に応じてやればできるのです。それができない人は不幸なことです。シュバイツアー博士は、人間はどんな境遇にあっても、その人が幸せだと思える生活のできる人は幸せであると言っていますが、つらいとか嫌だとか思うのではなく、こういう生活もあるのだと思うと面白いものです。ここで生活している人は皆やっていることですからね。そう思ってやればちっとも疲れません。楽しくてしょうがないのです。それをやらないで、さあ困った、さあ大変だと思っていたら健康を損ねるでしょう。面白いと思って一生懸命やれば、夜も疲れてぐっすり眠れます。東京で生活していたときよりもぐっすり眠れますし、朝は気分よく起きれます。私はそうでしたから、そう思います。

＊17　新約聖書の中の一書

書道の先生になってください

私がここに来て三か月ほどたったころのことでした。忠雄も華子も学園の先生になって、一生懸命働いていました。忠雄は教頭としての仕事をしながら、授業を受け持ち、また食料を得るため農作業にも従事していました。華子は趣味でピアノや声楽をやっていたこと、青山学院大学を出ていることから、音楽と一年生の英語の授業を担当することになりました。そのころの学園は貧乏のどん底で、先生方の給料はなかったし、共同生活をしているにもかかわらず、食べていくのがやっとでした。

ここに来たとき、(孫の)潤はまだ七か月で、安子も二歳になったばかりでした。五十九歳になっていた私は、家の掃除はもちろん孫の子守が仕事になっていました。子守は大変な仕事でした。今まで自分の子どもさえ子守したことがなかったのに、ここに来て初めて孫の子守をしました。貧乏で子守を雇う事などとてもできませんでした。暑いときでも、一人をおんぶし、一人は手を引き、いつも川原へ洗濯に行きました。そんなある日、校長先生は私に校長室に来てもらいたいと言われました。校長室というのは、校舎一階の校長先生の部屋のことです。ひろ先生もいました。

校長先生は「今まで自分の子どもの子守さえしたことのないあなたが、毎日、子守や洗濯ばかりしているのはあまりにもひどすぎる。忠雄先生にしてみれば、自分のお母さんですからいいでしょうがね。子守も大事だとは思いますが、自分の生き方も少しはお考えになってください。あなたも内村先生から立派な信仰をいただいた方ですから、あなたの信仰をぜひ教育に生かしてもらいたいのです。そうすれば生徒も幸せです。少し忙しい思いをさせ申し訳ないとは思いますが、お願いします。あなたは字が上手なので、書道の先生になってもらいたいのですが」

「私にできますでしょうか。私には先生の資格（教員免許）など何もありません。それにフェリス学院も中退しておりますし」

「いや、あなたなら資格などなくてもできますよ。字がうまいだけでなく、内村先生の信仰の教えをもっています。芸術は信仰がないとできないと私は思っています。あなたなら立派にやれますよ」

「私のようなおばあさんが先生になったとしても、生徒が承知しないでしょう」

「いや、この学校ではあなたより字の上手な人はいませんよ」

「そう言われても、今は筆を持つことさえないのでできませんよ」

「いや、あなたならやれます」

校長先生は、手紙のたくさん入った箱を持ち出してきました。そして私の書いた手紙を見せてくれました。私は、校長先生といつも手紙のやりとりをしていました。

「これはあなたからの手紙です。いろいろな方からたくさんの手紙をいただいていますが、その中でもあなたの字はいちばん上手です」と言われました。

それでも私は子守に来たので、とてもできないと断ると、校長先生は私にこう問いかけました。

「今、この学園では誰が書道を教えていると思いますか」

「実は私なんですよ、私が忙しくて（授業が）できないときは、ひろが教えています。ひろは私よりもずっと字は上手だけれども、それ以上にあなたの字はもっと上手ですよ」

いくら私が断っても、校長先生は引き下がらなかったのです。またどうして教えていいか分からないと言うと「やり方などはあなたに任せますから、自由にやってください」

と言われるのでした。

不安はありましたが、こうして私は教壇に立つことになりました。そのころ、生徒は一年生三人、二年生は村の子どもだけで十人、三年生は四人の合計十七人。共同体である学園で、みんな真剣に生きていました。

第七章　独立学園高校で

冬の新校舎

第七章　独立学園高校で

子守

私は書道を教えるようになってからも、忠雄や華子に安心して働いてもらうために、それ（授業）以外の時間は毎日一生懸命に子守をしました。また、華子が子守をしているときに、生徒たちにお花や料理を教えることもありました。自分の自由にできる時間は、ほとんどありませんでした。

昭和三十四年に新校舎ができるまで、学園の教室と私たちの居室は同じ建物の中にありました。特に忠雄一家の部屋は親子五人で六帖と狭く、孫たちを寝かせるにも遊ばせるにも苦労しました。小さい子は蚕棚のような棚を作ってその上に寝かせ、泣くと下ろす生活でした。安子はまた止まり木のような所に寝かせていました。それほど狭かったのです。それに隣の部屋は教室で、教室とは唐紙か障子あるいはベニヤ板一枚でしたから、生徒の声がみな聞こえてきます。また子ども（孫）がうるさくすると、授業の邪魔になります。テストや何か行事があるときは、特に静かにしていなければなりませんでした。そんなときはたとえ雨が降っていても、子どもを連れて外に出ました。

私は、毎朝四時に起きて学園のお便所を掃除します。それから子どもは五時起きでしたから、天気のよい日は毎日子どもを連れて外に出て、グランドでかけっこをします。ご飯のときだけ家に戻って食べ終わるとまた出ていく、そんな生活でした。居場所がなかったのです。ですから二キロも離れた市野々《いちのの》までも歩いていったのです。安子はお姉さんだから小さい体でやかんやゴザを持って歩いてくれました。潤はよたよた歩くのですが、疲れて（安子と潤のうち）一人が居眠りすることもありました。そんなときは、私が抱っこして歩きました。その後、末っ子の進が生まれると、今度は進をおんぶして二人の手を引いて散歩しました。下叶水《しもかのみず》の丸山の原っぱまで行くと、自然の中にゴザを敷いて、子どもといろいろなことをして遊びました。

それによく河原にも行きました。

夏は川で洗濯して木にかけておくと、遊んでいるうちに乾いてしまいます。（学園の近くなら）歩いたことがない所がないくらい、もうどこだって連れて歩きました。私は子どもを連れて歩いたおかげで丈夫になったのです。

山崎《やまざき》の方に行くと、渡部《わたなべ》さんという知り合いができました。下叶水では、お孫さんが卒業生だという、ももよさんによくしていただきました。

村の人はひろ先生をキリストの奥さん、私をキリストのおばあさん、学園のおばあさんと呼ばれていました。キリストのおばあさんが来たら赤ちゃん下ろして休んでもらわねばならないと、表に出て待っていてくれる人もいました。私たちが行くと「おばあさん、いらっしゃい」と言って休ませてくれるのです。村の人はとても親切で赤ちゃんをおろしておむつを替えてくれたうえ、洗って帰るまでに火で乾かしてくれました。赤ちゃんに重湯を作ってもらったりお昼をごちそうになったりすることもありました。湯飲み茶わんにとかしたはちみつを、いただくこともありました（このころ市販のお菓子は珍しく、どこの家でもはちみつや水あめを用意していました）。冬は雪がたくさん降るので一階は物置にしておくのですが、そこにブランコを置いた遊び場をこしらえてもらって子どもたちを遊ばせました。

帰りには、子どもは疲れて居眠りしながら歩きます。一人をおんぶし、一人を抱っこして、もう一人を歩かせていました。村の人はびっくりして珍しいおばあさんだと言っていました。そうやって私は子どもを通して村の人とかかわり、つながりができていったのです。キリストの話は聞かれればしますが、自分からはしませんでした。村の人はいい人ばっかりで、帰り道でよく雑談しました。中にはキリストのおばあさん幸せそうだから、私もキリスト信じますと言ってくれた人もいました。教室と部屋の間が整備されてからは、天気の悪い日は部屋の中で遊べるようになりました。子どもとまりつきや、折り紙、お絵描きをして遊びました。

安子は、まりつきが大好きでした。家には『赤ずきんちゃん』『フランダースの犬』

『チビ黒サンボ』の三冊しか絵本がありませんでした。貧しくてみんなで食べて生活していくのがやっとでしたから、子どもに絵本を買ってやる余裕はなかったのです。同じ本を毎日読んでやると、安子は全部覚えてしまいました。潤はフランダースの犬が死ぬところにくると、いつも涙をこぼすのでした。村に「きのみせ」（キノさんが店主をつとめる雑貨と文房具の店）というお店があって、子どもを連れて習字を書く障子紙などを買いに行きました。よその子はあれ買ってくれ、これ買ってくれと言うそうですが、うちの子は三人ともそう言ったことは一度もありませんでした。

「よその子どもは大変なのに、あんたの家の子は何も言わない。やっぱりキリストの子は違う。いい教育をしていますね」と店のおばあさんは感心されていました。うちの子は店に入っても買ってくれと言わないから、かわいそうで何か買ってやると言うのですが、いらないというのです。進だけが「おばあちゃん。そんなに買いたいなら、サケの缶詰でも買えばいい」と言うのでした。貧乏していて、買えないのが分かっているからです。買ったお菓子というと、校長先生が東京に行ったときにおみやげに買ってきてくれるキャラメルがありました。校長先生は一人に二個ずつ分けてくれたのですが、子どもたちにはそれがとても楽しみなようでした。ふだんは、おやつは私が、おもちゃは忠雄が作っていました。私は子どもを叱ることはしませんでしたが、わがままは言わないようにしつけました。

わかば会

夜は生徒がしょっちゅう来ていましたから、そのお相手をしなければなりません。それにまた、ここでは幼稚園がなかったから村の子どもたちが集団で遊ぶこともなかったので、安子が五歳の時、村の子どもを集めて華子がわかば会を作ったのです。わかば会にはこの辺の子どもたちが大勢来るようになり、その後わかば会は二十年間も続きました。叶水の子どもが遊びに来てくれたので、うちの子どもも叶水弁になっていきました。

夏は子守をしつつ、川で泳ぐことがありました。学生のころ葉山の別荘に行った際に一色《いっしき》海岸で泳いでいたこともあり、泳ぐことは好きでした。私がここへ来た年は五十九歳でしたが、昔は五十九歳というとお年寄りだと思われたものです。

そしてこの辺りでは子どもが泳ぐことはあるものの、お年寄りが泳ぐということはありませんでした。だから村の人は私が水着（を）着て、子どもと遊んだり泳いだりしているとびっくりして橋の上で足を止め、私が泳ぐのを見る人もいました。

華子が芸大に行く

校長先生は華子に音楽（の授業）を頼むとき「この山奥で世界一の絵を見なさい、世界一の詩を読みなさい。世界一の音楽を聴きなさい、そしてぜひすばらしい授業をお願いします」と言ったそうです。そう言われたとき華子は、音大を出ているわけでも、音楽の教員免許を持っているわけでもない自分が音楽を教えることはとてもできないと思ったと言います。しかし、校長先生の言う世界一の絵、世界一の詩、世界一の音楽というのは信仰によってできるもので、例えば、絵はミケランジェロ、詩はホメロス、音楽はベートーベン、バッハなど（の作品）を言うのでした。信仰をもった芸術は人の心に灯《とも》を灯すことができます。信仰をもった芸術を勉強してほしいというのでした。校長先生は、華子にはただ音楽を教えるのではなく、音楽を通して生徒との心の触れ合いをもち、共に信仰を深めていってもらいたい、そしてより美しい音楽を教えてもらいたいと考えられていたのでした。そのためにまず教員免許を取らなければなりませんでした。そこで華子は東京藝術《げいじゅつ》大学の通信教育課程に入学し、スクーリングに通うことになりました。

華子が芸大に行く日も、私が（三人の孫の）子守をすることとなりました。忠雄は口には出さないけれども、心の中では「お母さん、ありがとう」と感謝して（くれて）いたようです。

校長先生は私にまで「せっかくこちらへ来てくださったのですから、あなたも勉強しますか」と聞いてくださいました。（私のことを思って言ってくださったと思うのですが）私まで資格（教員免許）を取るとなると二人でスクーリングに出なければなりません。子どもがまだ小さくて手がかかります。ここでの子育ては、近くに川があり神経を使います。私が子どもたちのそばにいることで、華子には安心して勉強させたいと思いました。
華子は（スクーリングで東京へ向かう際）心配なく子どもを預けて、大丈夫という気持ちで安心して、伊佐領駅まで歩いていったと言います。しかし東京でスクーリングに出ると、やはり母親です。子どもや家のことが恋しくて一刻も早く帰りたいと思ったといいます。華子は子どもや家のことを思いながらも懸命に勉強を続け、一つ一つ単位を取っていきました。

お料理やパン作り

台所仕事は、田辺さんがやっていました。大勢の食事を一人で作るのは、大変な仕事だったと思います。そのうえお客さまが来たときの料理も作るとなると大変なので、それは私が作りました。

校長先生は私に気を遣われてか、書道の授業以外の仕事を頼まれることはありませんでしたが、（みなが支えあって生活しているこの学園で）大好きな料理を引き受けることにしました。羽仁もと子先生が大切にされていた「才能を惜しみなくささげる」という考えを実践したいという思いもありました。

このころは職員の数が少なく、また給料が一銭も出ないなか、みんながそれぞれに自分でできることを喜んで奉仕していたのです。私はお便所掃除、お客様の料理作り、それに生徒たちのおやつ作りなど、できるだけすすんでやりました。お料理するのはいいのですが、お金がないから材料を用意するのが大変でした。

ここに来てしばらくたってから「ご主人が海軍におられたのなら軍人恩給の手続きをとりなさい」と勧めてくれる人がいました。忠雄は軍人恩給は要らないと言いましたが手続きをしてもらってもらえることになり、その収入で随分助かりました。それと東京で暮らしていたころから使っていた文化天火《てんび》（調理用オーブン）が、とても重宝しました。

毎日、午後の二時半ごろになると、ひろ先生からサッカリン（人工甘味料の一つ　砂糖が貴重だったころは特に重宝された）をもらってパンを焼きました。ふくらし粉と、ひろ先生からもらったサッカリン、重曹を鍋に入れて、炭火を起こして焼くと、バームクーヘンのように丸く焼けるのです。（それを）放課後、（畜産や園芸、炊事などの）作業に出かける前に、みんなに一切れずつあげるのです。みんな食べ物に飢えていたこともあり、生徒も孫もそれをもらって食べるのをとても楽しみにしていました。それを食べてみんな一生懸命に働きました。

先生方が懸命に働く姿を、生徒みんなが見ています。そして先生も生徒も食卓を囲んで、みんなが同じものを食べています。欠点丸出しで裸の付き合いをしています。貧しい生活の中で、みなが（寄り添って）心を大切にして生活していくことはとても大切なことでした。

大賀《おおが》一郎先生と

大賀一郎先生と、学園でときどきお会いできたことはとても印象に残っています。ハスの研究で有名な方です。まず、弥生土器の中から見つかった一粒のハスの種を発芽させました。ところが助手の方にそのハスの世話を頼んだところ、枯れてしまった。一時期は落胆されたようですが、気を取り直して（古代のハスの種の発掘が見込める千葉）検見川《けみがわ》の発掘を決意された。ここでも苦労の連続で、十日掘っても二十日掘ってもハスの種は一粒も出てこなかったと言います。三十日もの間発掘を続けて、ようやく一粒出てきたんだそうです。発掘するにも、見つかった一粒の種を発芽させるのにも、大変な努力が必要だったと思います。一つのことを成し遂げる大賀先生の生き方を、たいへん尊敬していました。

大賀先生の奥様の歌子さん（本名：うた　うめ子さんと歌子さんは、ともにモアブ婦人会の会員だった）と私は特に親しくお付き合いをしていました。おたがいの家が近かったからしょっちゅう行き来していました。「行きます」と連絡しておきますと、ご夫婦でとても喜んで待っていてくださいました。お重（重箱）にごちそうをたくさん持っていきますと、ご夫妻はとても喜んでくださいました。奥様はまた、ユーモアたっぷりのおもしろい方でした。（大賀先生は）独立学園には（講義のため）、何度も来てくださいました。優しくてユーモアたっぷりのおもしろい先生でした。顕微鏡を首にぶら下げてきて、それを学園に寄付いただいたこともあります。学園に来るといつでも、私のところに寄ってくださいました。そして「ここの学園にうめ子先生が来てくれたからもう安心です。うれしい、うれしい」と言って、私と握手し、お祈りしてくださいました。

南原繁先生の来校

東京大学で総長をつとめられた南原先生が、昭和二十九（一九五四）年においでになられました。

来られる前には何をごちそうしようか、一週間も前から献立を考えました。華子はせっかく先生が山形の山奥に来られるのだから、ここでなくては食べられない山菜料理を出したほうがよいのではないかと言いましたが、私は昔先生が好んで食べてくださったものを食べてもらいたいという思いがありました。特に松の実（「松ぼっくり」の中にある種の一部を取り出したもの）ご飯を食べてもらいたいと思いました。行商の方に松の実やササミ、バニラアイスを頼んで、ごちそうをこしらえました。

突然の来訪者

昭和三十年一月、朝日新聞で独立学園が初めて全国に紹介されました。それまで小国の方、無教会のキリスト教関係のごく限られた人にしか知られていなかった独立学園が一躍全国に知られるようになったのです。

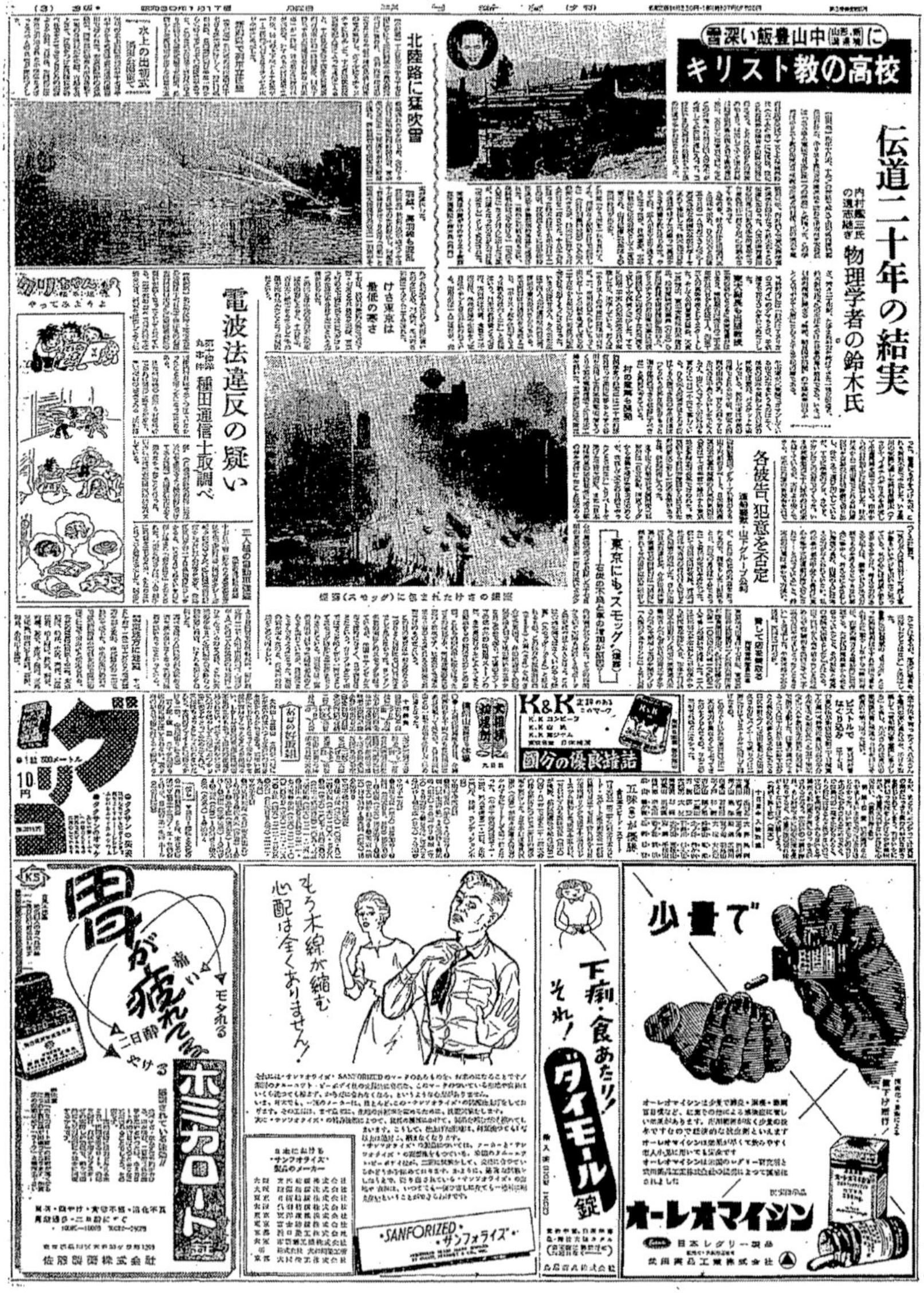
雪深い飯豊山中（山形・新潟県境）に
キリスト教の高校
伝道二十年の結実
内村鑑三氏の遺志継ぎ
物理学者の鈴木氏
北陸路に猛吹雪
けさ東京は最低の寒さ
電波法違反の疑い
種田通信士取調べ
各被告、犯意を否定
東京にも"スモッグ"
煙霧（スモッグ）に包まれたけさの銀座

（1955年1月17日　夕刊　朝日新聞）

※鳥川さんが読み、学園に来るきっかけとなった記事。

(3) 4版 1993年(平成5年)3月18日 木曜日 朝日新聞 (夕刊)

脱偏差値は学問の始め

山形・基督教独立学園 今春も26人巣立つ

獣医、劇団、看護婦…進路は実地体験通し

雪に埋もれた校舎

天狗争乱

(1993年3月18日　夕刊　朝日新聞)

その二週間後、独立学園が載った記事の切り抜きを持って、遠く岡山から一人の青年が訪ねてきたのです。二十歳になったばかりの烏川卓植《うがわたくしょく》さんという在日韓国人の青年でした。当時はまだ、米坂線の伊佐領駅から学園のある叶水までは、車がやっと通れるくらいの山道しかありませんでした。その九キロの道を、烏川さんは歩いてきたのです。烏川さんが学園に来たときはまだ旧校舎で、玄関脇でヤギを飼っていました。最初、応対に忠雄が出ました。作業着を着ていた忠雄を烏川さんは、用務員さんだと思ったようです。「僕は校長先生に用がある。校長先生を出してください」と烏川さんは言ったのですが、あいにく校長先生は不在でした。

「夕方しか戻りませんが」

「僕はどうしても校長先生に用事があって来ました」

「それではどうぞお入りになってお待ちください」

校長先生に用があるといって遠く岡山から訪ねてきた烏川さんを、忠雄は校内に温かく迎え入れました。夕方、校長先生がお戻りになると、烏川さんはこの学園においてくれるように校長先生に頼まれました。しばらく烏川さんの話を聞かれた校長先生は、烏川さんに学園でみんなと一緒に生活してもらうことにしたのです。烏川さんは浮浪の果てに新聞を見て学園に行こうと決心し、着の身着のままで学園を訪ねてこられていたのでした。

その夜、校長先生が忠雄を教頭の桝本ですと紹介すると、烏川さんは恥ずかしく、たいへん恐縮されたそうです。

烏川さんの生い立ちは、恵まれているとはいえないものでした。母親は烏川さんが三歳のときに、その後父親も亡くなられていました。また、「朝鮮人、朝鮮人」と言われて、差別されてきたようです。ですから、烏川さんは日本人をあまり信頼していませんでした。

学園で用務員のような仕事を始めた烏川さんは、よく家に来てくれました。家といっても大きな百姓小屋とも倉庫ともつかない旧校舎一部屋です。孫のおしめのたくさん干されている私の部屋で、こたつに入ってうちの孫と同じ私の手作りのおやつを食べてもらっていました。特別なことをしたということもないのに、うちにしょっちゅう来てくれました。うちでは子どもと一緒におやつを食べたり、寝転がったり、子どもをかわいがってくれて家族同然の付き合いをしました。烏川さんの几帳面《きちょうめん》なところを、孫たちが見習うようになりました。

進がいなくなる

昭和三十（一九五五）年の七月二十六日のことでした。いつものように孫たちを連れて、川原に洗濯に行きました。夏の太陽がかんかんと照りつけていて、とても暑い日でした。いつもの場所に着くと、孫たちは川原で喜んで遊んでいました。その日、華子は所用で東京に、忠雄は野良仕事で学園内の田畑に出ていました。

　私は持ってきた敷布三枚を川の水の中に広げて、流れないように隅の方に重しをしておきました。そうすると自然にきれいになっていますからね。そして、しばらくしてから、脇にある木に干しておくと、夏の日差しですぐ乾いてしまうのです。

　その日もきれいになった敷布をいつもの木に干して孫たちのいるところに戻ったのですが、進が見当たりません。進は安子や潤と違って、私の近くでばかり遊ぶ子ではないので、そこいらにいるだろうと思っていました。夏なので川の水も少ないし、下流になど流される心配はないと思って安心していました。しばらく待っていたのですが、進は来ない（戻ってこない）。まさかこの場所で川に流されるはずはないし、この奥の集落へ行くのには、必ずこの川原の上の道を通らないといけないのですが……。そういえばさっき洗濯していたときに、河原の上の道を楽隊（チンドン屋）がブカブカ楽器を鳴らしながら通っていったのですが、進は珍しがって「おばあちゃん、あれなーに」と聞いていました。進はあの楽隊についていったのではないかと思って、私は土手を駆け上って道路に出てみました。進はやっぱりいませんでした。家に戻ってみましたが見当たらず、学校にもいませんでした。進が行方不明だと分かると、学校では大騒ぎになりました。[*18] 忠雄は警察に捜索願を出しました。私は残る孫二人と一緒にいましたが、ショックで心臓がどうにかなりそうでした。

もし進が見つからなかったら、川へ飛び込んで死のうとまで覚悟を決めていました。ここでは、それまでに何人か川の事故で亡くなっていたようだが、ちょうどそのころ俳優のトニー谷さん(うめ子先生は俳優と認識されていたが、芸人として活躍されていた方)の子どもが誘拐されて騒がれていたころでした。学校や村の人たちは川でおぼれたのではないかと、川ざらいまでしました。

忠雄は警察のジープで村の奥へ探しに行きました。すると二キロほど上った新股《あらまた》の集落で野良仕事をしていた人が、小さい男の子が泣きながら通っていったと教えてくれました。さらに奥の河原角《かわらづの》の集落でも、やはり小さい男の子が裸足《はだし》で歩いていたのを見かけたと村の人が教えてくれました。(忠雄は)さらに学園から九キロもある滝の集落まで行ってみました。滝の集落には、学園のそばにあるのと似た橋がありました。その橋のそばに、とあるおばあさんが住んでいました。(その)おばあさんのお話では、一時ごろ、泣きながら裸足で歩いている子がいました。見ればかわいい男の子で、きっと天から授かったのだと思い家に連れていったのだそうです。お腹をすかしていると思い、おにぎりを食べさせようとすると、疲れていたのでしょう。すぐ眠ってしまったと言います。その寝顔を見て何とかわいいんだろう。家で大切に育てようとまで、おばあさんは思ったそうです。そこへ忠雄が訪ねていったのでした。

四時半ごろ忠雄が進を連れて学園に戻って来たときは、私は心底安心しました。本当に進がいてくれてよかった。その後、私はそのおばあさんのところへお礼に行きました。橋のたもとにはお地蔵様があって、そのお地蔵様が進を助けてくれたのだとおばあさんは話してくれました。

＊18　学園での授業は中止になり、職員や生徒も下叶水集落の住民や駐在巡査とともに捜索にあたった。

今まで通り子守をしてください

子どもを預かることは大変な仕事です。私は自分の子どもでさえ、一人も子守をしたことはありませんでした。どの子もみんなお手伝いさんに任せてきましたから。子守がこんなに大変な仕事だとは知らないで預かってきましたが、これからは一人で三人の子どもを預かることはできないと本気でそう思いました。私は忠雄に話しました。

「子守というのはとても責任があって、これからは引き受けることはとてもできません」

「おばあちゃん、進のことは何もおばあちゃんの責任ではないのですよ。そんなに深刻に考えないでください。子どもなんかどんなに注意していても、たとえ母親が子守していても、とんでもない所に行ったり、事故に遭ったりすることもあるものですよ。それを一つ一つ、私の責任だからと気にしていたら、子守など誰だってできませんよ。そんな心配は要りませんから、おばあちゃん今まで通り子守をしてください」
（そう言われて）忠雄は、母親の私でさえ感心するほどよくできた子だと思いました。

栄養失調になりデキモノでかす

進の一件があってから、私は体が弱っていきました。栄養失調とそれに一時とても深刻な思いをしたからでした。本当に体の調子が狂ってしまって、なかなか回復しませんでした。体中お腹から顔にまで十八か所もおできができたのです。（行ってみようにも病院がある）小国までは二十キロもあって遠いし、伊佐領の駅まで九キロも歩いてそこから汽車に乗って行かなければならない。一日がかりです。お金がなかったこともあり、（できものでは）とうとう一回も医者にかかりませんでした。ついには、面疔《めんちょう》（毛嚢炎《もうのうえん》という細菌感染症で顔面にできるおでき）ができてしまいました。孫が振り回して遊んでいた棒が、私のおできに当たって痛かったことが忘れられません。華子が東京にスクーリングに行っていなかったときでした。ペニシリンとばんそうこうを買って、それで治しました。随分ひどい目にあいましたが、黙って受け止めるよりほかありませんでした。華子もできものができても病院には行かず、忠雄にかみそりで切ってもらっていました。校長先生は、面疔で入院したこともりました。食べるものがなかったから、みんな栄養失調でした。半年雪に閉ざされてしまう冬の食糧事情は、特に厳しいものでした。ニンジン、ゴボウ、大根など食べ物は雪の下に貯《たくわ》えておき、それを少しずつ出して食べるのです。おかずが漬物だけのときもありました。（しかし、そんな厳しい生活の中でも）だれも愚痴ひとつこぼさなかったのです。

神は愛なり

昭和三二（一九五七）年のことでした。学園に来て二年近くたち、鳥川さんは学園の生活に慣れてきていました。そのころはまだ、学園は、国、県からの補助金が少なく、自給自足の生活でした。石切り場から石を切ってきて売ったり、百姓をして生活していたのです。（鳥川さんは）学園の近くの集落にある石切り場で仕事を続けていました。校長先生は教員免許を取ることをすすめるなど、鳥川さんを気にかけていました。しかし鳥川さんは（生徒たちに）学園の生活に批判めいたことを言うものですから、校長先生に厳しく注意されたといいます。

そしてついに、大切なことを素直に聞けずに校長先生とけんかしてしまったそうです。鳥川さんの差別されてきた過去や少々頑固な性格が、災いしてしまったのかもしれません。

鳥川さんは悩んだあげく、死のうと思って石切り場の頂上に向かいました[*19]。そこで鳥川さんが見たものは吹雪に耐えて春を待つ、春になれば太陽を浴びて若芽が出る木々の姿でした。自分も今じっと我慢して春を待とうと木々に教えられ、鳥川さんは自室へと戻りました。

エマオに向かう道すがら復活したキリストに出会った弟子たちの「心はうちに燃えて」いた、その心境に通じていたそうです。

翌朝、何気なく部屋の窓から母屋の方を眺めると、わらぶきの屋根に無数の雪の粒が朝日に輝いて舞っていました。烏川さんはその不思議な光景に見入っているうち、銀粒の粉雪の中に生きていく確信のようなものをつかんだのです。学園に来たのはこの（確信をつかむ）ためだったと考えたのです。（そして）学園を去る決心をしたのです。

烏川さんは、後年そのときのことをこんなふうに振り返っています。

学園を出る日はとても烈《はげ》しい吹雪の日でした。うめ子先生に別れのあいさつに行ったとき、先生は僕の手をしっかり握り、「もし、私が母親であなたが私の本当の息子であったら、息子がどこへ行くかもわからないのに、どうしてこのまま出してやることができますか。（本当の息子なら、息子なら）引き留めることもできるでしょう」

そして「『神は愛なり』ですよ、それだけは忘れないでね」と言って送り出してくれました。その言葉が、僕の人生の大きな支えになったのです。

＊19　烏川さんは『草にすわる　桝本楳《うめ》子先生記念文集』の中で、このとき向かったのは飯豊山《いいでさん》であることを明かされている。

旧校舎が火事に

昭和三十五年一月二十七日、夕方の五時ごろでした。火事だ、火事だ。大きな木造の旧校舎の二階から出た火は、またたくまに燃え広がりました。村の人が大勢駆けつけてくれましたが、火の回りが早くて手がつけられない状態でした。

私は、三人の孫を連れて（窓から）雪の上に一刻も早く飛び降りようと思いました。しかし、孫たちは「ママが来ない、ママが来ない」と言って、いくら手を引っ張っても動こうとはしませんでした。

華子が忠雄の日記やアルバムを持って雪の上に飛び降りると、ようやく私も孫たちと飛び降りることができました。雪で腰までぬかる（んでいた）ため、村の人たちが子どもをおんぶして逃げてくれました。忠雄は自分のものは何一つ出さず、私の書道全集と、私が嫁いだときに実家から持ってきた羽布団を（持ち）出してくれました。村の人たちは忠雄のチェロを出してくれました。（多くの物が難を逃れたものの）旧校舎はわずか一時間足らずで、全焼してしまいました。

三年生は（ちょうど半年前にできた新）校舎に残って卒業の準備をしていましたし、一、二年生の大半は外でスキーをして遊んでいました。ですから旧校舎にいた人は少なかったのです。また校舎のまわりには雪がたくさん積もっていて、（旧校舎にいた人は）みな雪の上に飛び降りて、けが人は誰もいませんでした。机など授業で使うものは新校舎にあり、無事でした。ただ多くの生徒と教員が旧校舎を寮として使っていましたから、みな焼き出されることになってしまったのです。

その晩、ＰＴＡ会長の家に対策本部をおき、校長先生と忠雄は職員や生徒の安全を確かめるために対策本部に行きました。華子も、生徒の安全指導のために現場に行きました。ですから忠雄や華子は家のことなどかまってはいられなかったのです。私たちは、生徒と一緒にいったんは新校舎に集まりました。その後、生徒たちは下叶水の家々に三、四人ずつ手分けして泊めてもらいました。私と華子と子ども三人は下叶水にお住まいで創立時から学園を支援してくださっていた渡部弥一郎《わたなべやいちろう》さんの家に泊めてもらうことになりました。ひろ先生は、どうしても焼け跡から離れたくないといって、近くの家に泊めてもらうことになりました。夕飯は村の人たちがおにぎりを作って炊き出しをしてくれましたので、食べるものや泊まるところに困った人は一人もいませんでした。

真夜中の訪問者

夜中の十二時近く、床に入るため電気を消そうとしたときでした。「こんばんわ、こんばんわ」大きな唐草模様の風呂敷包みを背負って、(学園の卒業生である) 菊竹敏光さんが (私たちが泊まっている弥一郎さんの家を) 訪ねてきたのです。敏光さんは学園が火事で焼けたことを聞きつけて、二十キロもある夜の雪道を、小国から歩いて来てくれたのです。風呂敷には衣類がたくさん入っていました。私と華子は、敏光さんからもらったコートを着てみました。ビロードのコートのポケットに財布が入っていました。それには小銭が入っていたのです。敏光さんの愛がこもっていました。

昭和二十六年、私たちが学園に来た年に、敏光さんは学園に入学したのでした。校長先生や私たちと出会って、敏光さんの人生は大きく変わったそうです。敏光さんが学校を卒業されて、先生と生徒の関係から自然に親子のようなお付き合いに変わっていきました。海を見たいときに頼んで連れていってもらったことがありました。(今いる)望寮《のぞみ》の私の部屋は、敏光さんが作ってくれたものです。敏光さんは自分の親を心配するような気持ちだったんでしょうね。その晩、弥一郎さんは泊まっていくよう勧められたのですが、敏光さんはこれから校長先生のところに寄るのだと言って帰っていきました。その後夜中で汽車もない雪道を、敏光さんは電灯も持たず小国まで歩いて帰ったそうです。

復興にとりかかる

その次の日の午前中、新校舎の二階に職員や生徒をみな集めて、校長先生は「自分も含めてみんなで悔い改めよう」と言われました。校長先生は赤いちゃんちゃんこ(袖なしの羽織)を、忠雄は冬のコートを着たままでした。そのときの校長先生のお祈りはいまだに忘れることはできません。

「火事の原因は、校長の私を含めて学園全体がしっかりした信仰をもっていなかったことです。気の緩みからきちんとした教育をしなかったことです。それで神様が警告をなさってくれたのですから、みんなで自分の罪を悟って悔い改めなければなりません」

校長先生は、出火の直接の原因を責めることは決してなさいませんでした。（卒業生が外で雪遊びしている生徒が戻ってきたら温まれるように、足こたつ〈あんか〉の火を起こしすぎたのが原因でした）。火事は一時的には大きな打撃のように思われましたが、神様の警告ですから、みんな気持ちを引き締めて復興にがんばりましょうと、校長先生は精神面を重視されました。そんな校長先生の話を聞いたからか、みんなの意気込みが違ってきました。近くの人（実家が近くにある生徒）たちはいったん家に戻って、布団を持ってすぐ帰ってきました。九期生が卒業した翌年で、まだ卒業生は百名に満たないころでしたが、近くの町や村にいる卒業生が復興のため大勢駆けつけてくれました。また、村の人たちも大勢手伝いにきてくれました。ご家族で洋服店を営んでいるからと、洋服を背負えるだけ背負って持ってきてくれる生徒もいました。「こんな山奥の学校は嫌だ」と言っていた生徒でしたが、卒業生や地域の人たちが復興の手伝いに来てくれるのを見て、学校が好きになっていたようです。（前年まで学園で教員をされていた）今野先生が東京から、烏川さんは（運送業の仕事をされていた）富山から手伝いに駆けつけ、復興作業にくわえ寄付もしてくれました。

それまで女子寮や職員寮だった旧校舎が焼けてしまったので、今度は男子寮だった馬小屋を女子寮にし、男子は新校舎の二階に移りました。二階の広い部屋はそれまで教室、集会室として使っていましたが、食堂、そして夜は男子の寝室として使うことにしたのです。津川村《つがわむら》（現在の小国町）役場が、寝泊まりするときに使えるよう畳二十五枚を寄贈してくれました。

校長先生は馬小屋の中央にある小さな三帖の間に、私たちは弥一郎さんの家に二、三日泊めてもらってからヤギ小屋に移りました。ヤギ小屋というのは、前の教頭先生の西村先生が来られたとき、ヤギを飼っていた小屋を改造して西村先生一家がお住まいになっていたところです。西村先生が東京に移られてからは九年間、男子寮として使われていました。そこは六畳一間でしたが、私たち一家六人が住むことになったのです。馬小屋近くには石を河原角から切ってきて加工していた石切り小屋があったのですが、（村の方々が）その周りを萱《かや》で囲みそこを臨時の炊事場とお風呂場にしてくれました。先生方は夜中まで働きました。忠雄が徹夜で働いてうちに帰らないとき、華子は食べ物を届けに行っていました。そうしたみんなの努力で、授業は（火事が起きて）五日目から始まりました。

村人の愛

火事の前から貧乏で包丁もまな板、お茶わん、お皿といった炊事道具もろくにありませんでした。それが火事に遭ってからは、村の人たちが炊事道具や家財道具、それに衣類などを持ってきてくれました。家の子どもは今までつぎはぎの着物を着ていて、あれが先生の子どもですかと言われていましたが、「子どものものはみな桝本の家に」と持ってきてくれるので、今度はいくら着ても有り余るほどになりました。火事の前、子どもは壊れた三輪車に乗って遊んでいました。それを見て校長先生が新しい三輪車を買ってくれたのですが、その三輪車も焼けてしまい、子どもはそればかり惜しがっていました。それに私の年金で買ったオルガンも毛布も、みんな焼けてしまいました。（そんな私たちのために）村の人達が次から次へといろいろなものを持ってきてくれて、本当に助かりました。

また、（村の人たちは）道で会うと「この度は、とんだ災難に遭った」と涙を流してくれるのです。人は逆境に立たされたとき、本当の愛が分かるものです。それまでこんなにも村の人達が愛してくれているとは分かっていませんでした。私たちはよそ者だからやがて帰るだろうと思っていた村人もいたようですが、校長先生のもとに九年間、ありのまま生きてきたのがよかったのかなと思います。

火災前の旧校舎(1階)の平面略図

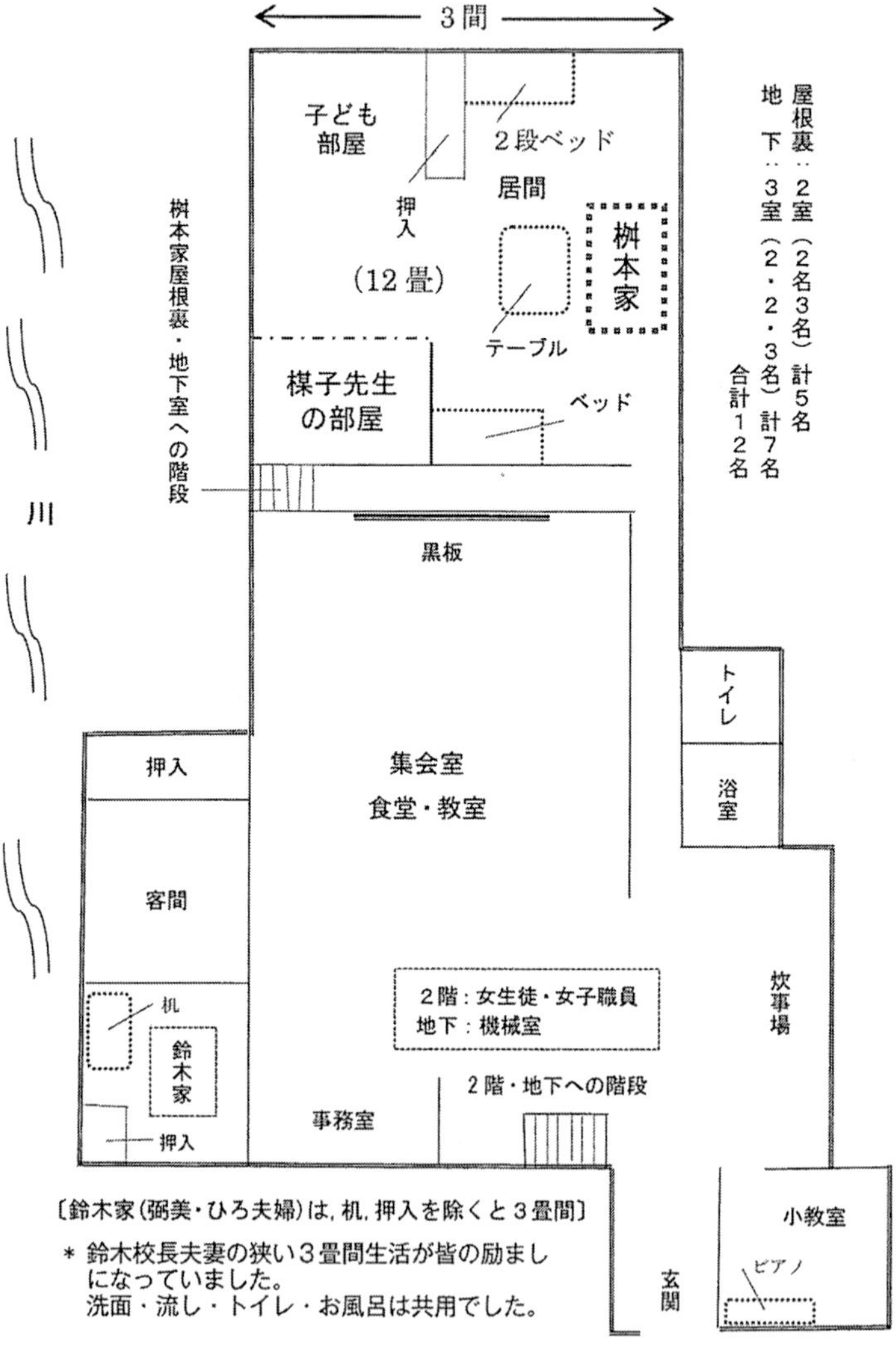

〔鈴木家(弼美・ひろ夫婦)は,机,押入を除くと3畳間〕

* 鈴木校長夫妻の狭い3畳間生活が皆の励ましになっていました。
  洗面・流し・トイレ・お風呂は共用でした。

※地下室につながる通路は、図の通りではないという指摘もある。

「草にすわる　桝本楳子先生記念文集」より

のぞみ寮（1階）の平面略図

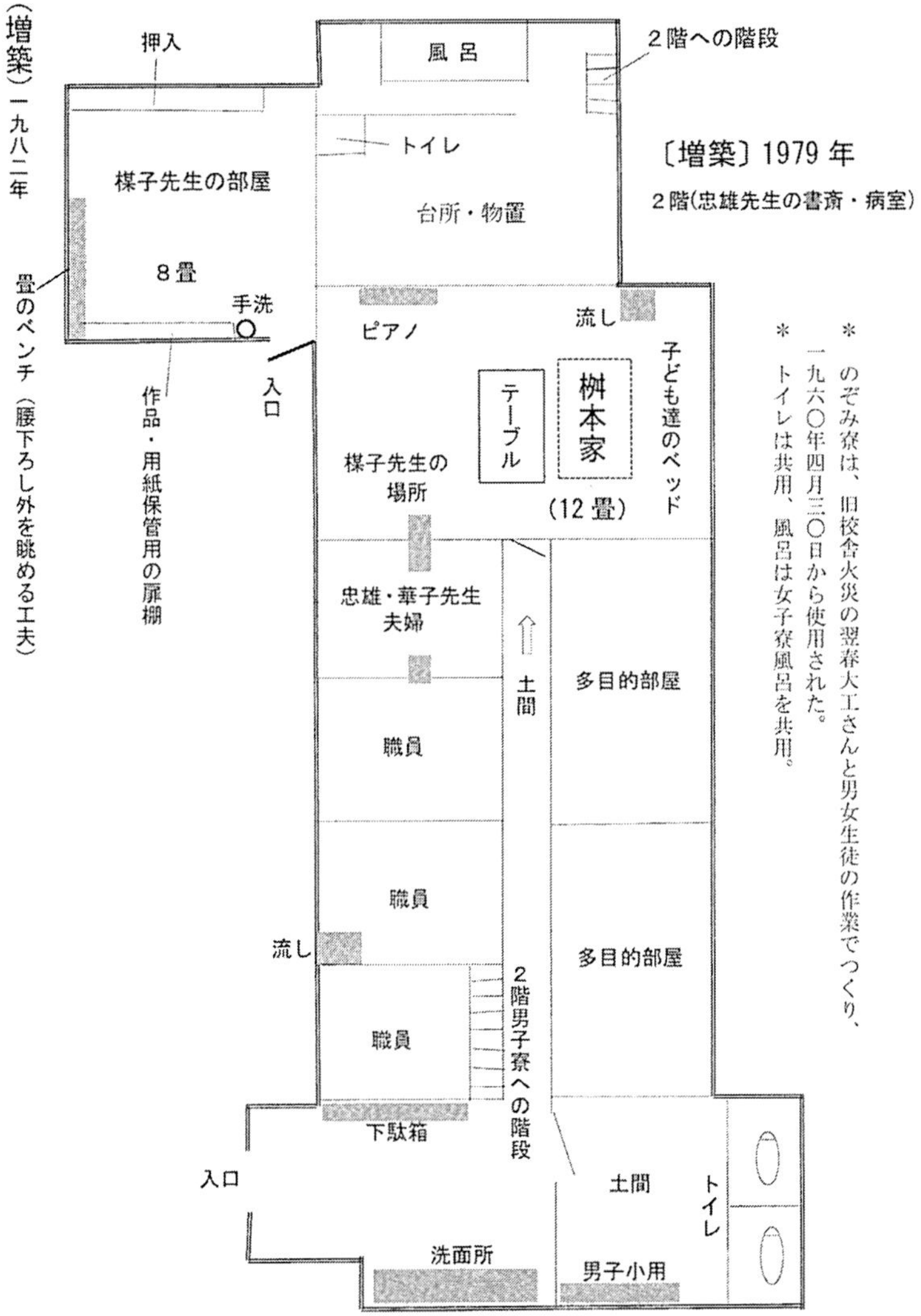

＊のぞみ寮は、旧校舎火災の翌春大工さんと男女生徒の作業でつくり、一九六〇年四月三〇日から使用された。

＊トイレは共用、風呂は女子寮風呂を共用。

神の恩恵

学園の火事のことは大きな反響になりました。この学園が決して無駄な存在でないことがわかったのです。

政池先生は『聖書の日本』で「ある学校で火災がおきたとき、校長先生が火災の元になった人をひどく叱ったそうですが、独立学園は違っていました。全校職員、生徒もみなそうでなければならない。神様の恩恵である」と書いてくれていました。

矢内原忠雄先生も、火事の原因は学校全体の気持ちの緩みだとしていたのには感心だと言っておられました。

(長年学園で特別授業をしてくれている)山形大学の前野先生のお嬢さんが学園の火災について、学園の人たちの困っている様子を『婦人之友』に出してくださいました。読者はクリスチャンが多いからか、(その投書を見た)私たちの知らない全国の人たちから次々と救援物資が届いたのです。本当に奇跡が起こったのです。全国の人が学園をこんなに高く評価し、支えてくださっていることをみんなが気づかされました。

大賀一郎先生が「全国からうねりが聞こえてきます。いましばらくお待ちください」と書いてお手紙をくださいましたが、(本当に)日本中から毎日のようにいろいろな救援物資が送られてきたのです。それも何か月にもわたってきましたので、私たちも生徒も皆びっくりしてしまいました。まだ学園まで車が通らないころでしたので、生徒が放課後や日曜日に伊佐領駅まで荷物を取りに行きました。村の人に頼んで背負ってきてもらうこともありましました。雪のある間は駅から背負って運んでもらったのですが、(救援物資が運ばれている様子を）こんなに学園が大事にされているのかと驚いて見ている人もいたそうです。

学校が全国に知られるようになり、多くのご支援のおかげで、男子寮である望寮、女子寮である平和寮が建ちました。神様だけに頼って一日一日を精いっぱい生きていれば、神様は人を通して人を見捨てないということです。校長先生が伝道し、教育したこと(教育活動を続けたこと)が神様を通して学園をつぶしてはならないという人に伝わって、全国から応援されるようになったのでした。そしてみんなが一生懸命働くように、勉強もするようになっていったのです。(また)地域の学校に対する理解も深まっていったのです。

忠雄が屋根から

昭和五十（一九七五）年八月十四日、忠雄が（コスモス寮の）屋上から落ちたのはお盆の夜でした。（この日は）卒業生も来てくれて十数人集まって、音楽会をしていました。私も華子も一緒で、忠雄は喜んで、ピアノを弾いたりみんなで楽しく歌を歌ったりしていました。十時になったしもうお開きにしようと忠雄が言い、みんなは帰っていきました。忠雄はそのころ、ガを採集していました。二百種類集めるといって張り切っていました。今夜は暗夜で虫がたくさんいるから採集してくるといって、忠雄は懐中電灯を持って出ていきました。忠雄が出ていってから、潤のお嫁さんで学園の職員だった育《いく》子《こ》さんがどんなふうにして虫を捕っているのか見に行ってくると出ていきました。育子さんがしばらく見ていると忠雄が屋上から降りてきて、遅いから帰りなさいと言って懐中電灯で育子さんの足元を照らしました。育子さんが帰るのを見届けたのち、屋上に戻ろうとして落ちたのでした。

忠雄は小国病院に運ばれました。驚いたことに忠雄は十一本も骨を折ってしまい、もう死んだのではないかと思ったほどでした。菊竹さんが看病に来てくれました。今野先生も来てくれていました。

思いもよらぬ宣告

屋根から落ちて入院した際の検査で、がんが見つかりました。私には気を遣ってか、なかなか言い出しにくかったようです。忠雄には、そういうところがありました。華子は体が弱かったから忠雄が看病することが多かったのですが、（華子が）今度は反対に忠雄の面倒をみてあげられると言ったら、忠雄は気楽になったようです。華子は切なかったでしょうが、精いっぱい恩返し（看病）していました。忠雄が私に頼んだのは、最愛の妻・華子のことでした。華子をおいて先立つことが、（忠雄は何より）つらかったのです。

華子を大事にし、かわいがっていたから、華子をよろしく頼む、一緒に暮らしてくれと頼まれました。華子には、私のことを頼んでいたのです。私は忠雄ががんと聞いたとき、祈ることしかできなかったのです。私の枕は始終、涙で濡れていました。神様にお任せしますとね、やっぱり信仰の力ですね。それがなかったら、人間的にとっても耐えられるものではありませんね。

忠雄はがんと仲良く暮らすこと、がんと分かった後も意義ある取り組みを続けるということを見事にやり遂げました。がんになってなお、多くの授業を受け持ちました。学園の周辺の豊かな自然を神様の恩恵として受け止め、その中に入り込んでいくときは実に楽しそうでした。

入院中に病院の一室で卒業生の結婚式の司式をつとめ、二人の前途を祈ったこともありました。限られた命だから意義のあることだけをやるのだと、命が縮まってもおめでたいことだからやるのだと、引き受けていました。

昭和五十五（一九八〇）年三月二十九日、忠雄はがんによる苦しみから解放され天に召されました。帰るべきところに帰っていったのです。生まれたときよりも、死ぬときの方がより美しくありたいという言葉を残していってくれました。

忠雄が亡くなる前、華子が「死というものはこの世の別れで悲しいことには変わりない。けれども、内村先生が（娘の）ルツ子さんが亡くなったとき、ルツ子万歳と言ったようなものです。忠雄が亡くなったといって、泣くことはないのです。忠雄は天国にいるのだから」と言っていたことが思い出されます。

忠雄が亡くなったといっても、やはりどこかにいるのです。そう思えるのは、やっぱり信仰の力によると思います。信仰などと私は大きなことは言えませんけれども、信仰をいただいたために、とにかくやってこれたのです。それがなかったら、どうなっていたことでしょう。

忠雄が亡くなってから生活に大きな変化がありましたが、しかしわが家には一貫して同じものが流れていたから、（忠雄の）子どもにも特別暗さはありませんでした。私は悲しい目にたくさん遭ってきましたが、遭えば遭うほど、悲しいことは悲しいけれども動じなくなったというか気持ちがそう変わらなくなった気がしています。どうしているかと思って心配して訪ねてきた友人はみな、私たちに会って反対に慰められたと言います。

サマリヤ会

忠雄が亡くなった後に華子が家で始めたのが、（先生と生徒という立場をこえ語り合う茶話会である）サマリヤ会でした。毎月一回土曜日の午後八時から十時までで、現在も続いています。私も参加させてもらっています。「サマリヤ」というのは、強盗にあった人を見過ごさず手当てをした逸話があるサマリヤ人のことです。忠雄が、部屋にそんなサマリヤ人の絵をかけていたことが名前の由来となりました。

忠雄は桝本家の家風として、六帖一間しかない家ですが、夜中であれ、どんなときでも生徒が来たら無条件で受け入れていました。ご飯（を）食べているときに来たらともに食卓を囲み、いただいたものがあればみんなで分けて食べました。誰であれ来た人は何かあって来てくれるのだから、決していやな顔をせず、（家族と）同じように付き合っていました。家の門を閉ざすことはありませんでした。それで仕事が間に合わないときは、夜中に起きてやる。一晩くらい徹夜しても決して死なないからと、忠雄はそういう人でした。華子は、そんな忠雄の遺志をサマリヤ会で受け継いだのです。

会では司会者を順番制にして、今日はいじめについて、今夜は理想についてといったふうにテーマを決め、みんなが心を開いて話し合いました。夢について、初恋について、いじめについて、反抗期など、話し合って印象深かったことはたくさんあります。私の初恋について話したこともありました。

いじめについては、いじめたほうだ、いじめられたほうだ、どういうふうにいじめたとか、いじめられたとか（そんな話が出てきました）。いじめもいじめられもしなかった人は、二人しかいなかったのです。反抗期について話し合ったときも、面白かったです。家出したがだれも迎えに来てくれなかったとか、家に帰ったらだれも気づいていなかったとか（続々とエピソードが出てきました）。

サマリヤ会のときは先生と生徒という立場を意識せず、先生このことについて話してくださいと言われれば話しますが、説教はしません。(生徒は)心の触れ合いを求めています。何か心ひきつけるものが、この部屋にはあるのでしょうか。サマリヤ会の日以外にも、訪ねてくる生徒もいます。ここだとほっとするのか、毎晩のように来ては何も言わず黙って座っている生徒もいました。なかなかできないことですよ。アトピー性皮膚炎でかゆくてかゆくて、部屋にいても落ち着かないからと言って来る生徒もいました。そういうことなら早く言えばいいのに、だれにも言わなかったと言います。話があってもなくてもいい、来てくれればいいのです。ここに来るとほっとするという生徒もいます。

卒業生も、自分の家に帰るようにしてよく訪ねてきてくれます。卒業したら二十五年は来ませんと言っていた子は初月給をもらうとすぐ来ましたし、今もしょっちゅう来る子がいます。この間、華子の教えた音楽の楽譜を三年分六十曲まとめて本にして持ってきてくれた卒業生がいました。誰がピアノ弾いて、誰がタクトを振ったか書かれていて、写真も添えられています。

こうした卒業生の愛には心打たれます。卒業生の来ないような学校はつまらない学校だと華子は言います。卒業生は、宝です。

華子がインドへ

華子の小さいときの夢は、「孤児院のお母さん」になることだったそうです。あるとき華子がマザー・テレサの本を読んで感動し、生徒にうまれかわったら、マザー・テレサのような人になりたいと話したのだそうです。忠雄が亡くなってから卒業生で、学園で働いていたこともある安達君がその話を思い出してくれました。

マザー・テレサのもとにおにぎり献金[*20]を届けに行ったことがある彼は、今度は華子にマザー・テレサの働く施設に行ってもらえたらと考えたのです。忠雄が亡くなって落ち込む華子を、元気づけたいとの思いもあったのでしょう。ある夜、安達君から電話がかかってきました。

「僕がお金出しますから華子先生おにぎり献金を持ってインドへ行ってきてください」

華子はびっくりして、「乗り物に酔うので、修学旅行にも行ったことがないのです」なんて返事をしていました。

そのうちに二十万円も入っている封筒が送られてきました。安達君が卒業生に呼びかけ、渡航資金を集めてくれたのです。しかも（長年マザー・テレサの支援にあたっていた）河野《かわの》進牧師に華子をぜひ連れていってくださいと頼んでくれていました。

そうして、忠雄が亡くなった翌年にみんなのおかげで華子はインドに行くことができました。

＊20　昼食をおにぎりだけにして節約できたおかず代を献金する取り組みで、集まった献金。

華子と私

私は華子を愛していましたし、華子も私を愛してくれていましたが、二人の愛し方は同じではありませんでした。華子は忠雄のお嫁さんですし、私とは年も親子ほど違います。お互いに欠点を持っていたが認め合っていて、仲良くやっていました。

華子は嫁に来るまで母親と二十二年一緒に暮らしましたが、私と華子は四十年以上も一緒に生活しています。しかし本当の親子ではありませんから、はじめから仲良く生活できたわけではありません。本当に仲良くなったのは十年くらい前からだったと思います。

私は華子と私の二人の間がうまくいかないときに必ず歌を歌う忠雄の助けを借りつつ、自分の罪に気づき悔い改めながら信仰を深めていったのです。今はもうまったく血のつながらない者同士が、家族として仲良く生活しています。お互いにもうなくてはならない存在なのです。

うめ子先生と呼ばれて書道を教える

書道を教えるようになってからは、生徒は私をうめ子先生、うめ子先生と呼ぶようになりました。私は一度お引き受けしたからにはいいかげんにはできません。

しかも他の先生のように資格（教員免許）があるわけでもなかったし、字が特別うまいということもないのです。初めは教えることなど、どうしていいか分かりませんでした。とりあえず学園から十分程歩いたところにある「きのみせ」で小学生の使う五十円の筆とすずり、それに習字紙を買って家で練習を始めました。随分長いこと筆を持っていないのです。しかし、せっかく校長先生が私のような者に与えてくださった仕事でしたから一生懸命やりました。聖書の中から言葉を選んで一人ひとりの生徒に（手本となる書を）渡そうと思いました。昼は孫たちの子守をし、夜は華子がいるから子どもたちを返して聖書を読み、これはと思う言葉を選び何度も何度も練習をして必ず一人ひとりのお手本を書いて授業にのぞみました。

私の父親が書家だったこともあり、祖母は私が小さいころから書を書かせてくれました。その後、大人になってから、書道塾に通ったこともありました。そうした経験が今にして思えば、とても役立ったのでした。

生徒は書道の時間になっても、道具も持たないで来るのです。親に頼んでも、筆やすずりも買ってもらえないのです。そこで私が安いすずりや筆を何本も買い、すずりは共同で使ってもらうことにしました。練習には新聞紙を使ってもらいました。新聞紙はどこの家でもあるわけではなかったので、新聞をとっている家から古新聞をもらってくる生徒もいました。新聞はどこの家でも包み紙として使ったり、便所に使うのでなかなか習字には使えなかったのです。一枚の新聞紙が真っ黒になるほど何回も何回も練習をしました。

清書用に半紙ひとしめ買っておいて、毎時間清書を一枚出してもらいました。学園は貧乏で給料など一円もないのです。それでも私には亡くなった主人の恩給があったので助かりました。

孫たちを連れて市野々の郵便局まで恩給をもらいに行き、帰りには「きのみせ」に寄って、いちばん安い障子紙を買ってきました。店の人はびっくりして「この障子紙では、すぐ破れてしまいますよ」というのです。

「これは貼るんでなくて、字を書くんです」と言うと、よけい驚いていました。それも長いのを書く時はもったいなくて、清書も一枚ずつで失敗しても二枚でおしまいということにしました。始めは一年生三人、二年生十人、三年生四人で、学年別に教えて、一人ひとりに手本を書いて回りました。みんなよく勉強してくれました。私の方はこんな教え方でよいのかと思って、校長先生に生徒の作品を見てもらうと、「ええ、結構ですよ」いつもそう言ってくれました。

書道の時間

はじめから書道が好きだという生徒ばかりでは、なかったようです。授業だからしかたなくやろうかと思っている生徒も、何人かいました。時間中、興味をもってまじめにやるように仕向けていかなければなりません。私が技術的に教えるなどというわけにはいきませんが、一人ひとりの生徒を愛していればみんながちゃんとやってくれるから生徒はかわいいし、授業はとても楽しいものです。みんなが夢中になってやってくれているからありがたいです。

とにかく、自分も生徒も楽しい授業をすること、そして生徒たちを比べないことを心がけました。ですから生徒は誰ひとり嫌だとは言いませんね。いつの時間でも感じることは、生徒はみんな温かくて親切だということです。私が（授業中教室を）まわっていって手直ししてあげようとすると、自分の席を立って私を椅子にかけさせてくれます。それも隣の机を離して、座布団を敷いてくれます。時として座布団がないと「おまえ座布団をやれよ」などと言い、一字か二字書くのさえ席を立ってくれます。「休ませてくれてありがとう。少し、ゆっくり書いてあげましょう」と私は言います。座ったまま「私にお願いします」などと言う子がいると、「何をやっているんだ」などと、注意する生徒もいます。

一人ひとりに違った手本を書いていき、その手本の意味を説明してあげたりするから、いっそう親しみがわくのでしょう。

生徒の中には自分の好きな字を書いてくれとか、また、だれだれさんと同じ字を書いてほしいという生徒もいます。時間があれば書いてあげています。中には「先生、うちの母からこの言葉を書いてもらってくるように頼まれたんです」そういう生徒もいます。そういうときは（授業）時間外に書いてあげるからと約束します。女子生徒には愛だとか、優しく柔らかい字にして、その子その子にふさわしい字を書いてまわります。上手に書ける生徒もいれば、易しい字を書いてやってもなかなかうまく書けない生徒もいます。私は、次々と出てくる言葉をどんどん書いていきます。この生徒にはこれがいいし、あの生徒にはこういう字を書いてほしいというのがすぐ分かるので、のびのび書くように言います。

最近私は歳をとってしまったので、授業中ずっと一人ひとりに書いて回ると疲れるのですが、しかし、また楽しくて私の生きがいにもなっています。特にここ一、二年というもの、生徒の名前をよく忘れてしまうんです。名前を書いてあげようとしても、すっかり忘れているので、「あんた、なんて言う名前だったけ」と言うと、「先生、いやになっちゃうなあ」と言った後に名前を教えてくれたうえで、「あと絶対に忘れないでね、また忘れたら承知しないよ」なんて言う生徒もいます。三年生の授業に出てまだ名前を覚えられないでいると「先生いやだなあ、いつになったら覚えてくれるの、もう三年生だよ」などと言われることもあります。中には、「先生僕だれだっけ」と言って試す生徒もいます。でも、文句を言ったりする生徒は一人もいません。一人ひとり回っていくと、小さい声で「おばあちゃん」という女子生徒もいます。「ハーイ」と返事をして、「おばあちゃんと呼んでくれてとってもうれしい、ありがとう」と言うと、とっても喜んでくれます。

時間中はいつも条幅《じょうふく》（掛け軸などに見られる縦に長い作品）に書いた見本、横書きの見本を三枚くらい黒板に下げておくので、それを見て書く生徒もいます。時間が終わると黒板に下げておいた手本を生徒はとりっこしていますが、（手本をどうするかは）生徒の自由にさせています。

お手本を書く

私はどんなに忙しくても授業に出るときは、必ず一人ひとりの子どもにふさわしい内容のものをと思って一枚ずつ手本を書いていきます。

私は型にはまった既製の手本は使いません。自分で作る教材の方が、ずっと内容が豊かです。生徒に教えてやろうというより、その人の心の糧になる言葉をメッセージとして贈りたいと思い、言葉を選んでいます。そのためにたくさんの本を読み、それにヒントを得て自分でいろいろな言葉を考え出したり、また本からよい言葉を選び出し、その言葉を必ず自分のものにしてから子どもたちに渡します。

いま全校に七十八人の生徒がいて、いつでもみんなに別々の内容をというわけにはいかないのですが、それでも今まで選んだ言葉の中からどれがその子にふさわしいか考えています。

一年生にはこんな内容がいいとか、二、三年生にはこのほうがいいとか、あの子にはどうしても聖書の中の言葉をあげたいと、一人ひとりを思い浮かべ手本を書きます。

教壇に立つ

私はこの学園に来て四十年間、書道を教えてきたのですが、自分を先生だと思ったことは一度もありませんでした。毎年、私は新学期になると生徒たちに「私は、教員免許はないし先生ではありません」と話します。それに、新しい一年生が入ってきますと「今年もたくさんのお友達が来てくださって、うれしいです。神様はあなた方のようなかわいいお友達を私にくださって、本当にありがたいです。皆さん仲良くしましょうね」と言います。

私がいくら先生ではありませんと言っても、まさか生徒の方は私をおばあちゃんと呼ぶわけにはいかないでしょう。「うめ子先生、うめ子先生」と言ってくれています。教室へ入って行くときは恥ずかしさでいっぱいなのですが。あいさつを終えると、もう恥ずかしさなどなくなってしまいます。私は授業をするときはいつでも「今日もどうかよい授業ができますように」とお祈りします。生徒が待っていてくれるのですから。

中には思わぬいたずらをする生徒もいます。一年生は入学の年だからか緊張していて、三年生は卒業の年なのでまじめに授業を受けてくれるのですが、二年生の中にいたずらをする生徒がいるのです。

ある年、やんちゃな二年生二人組がいました。授業が始まってからのこと、学園の教室は狭いのでどうも二人の様子が落ち着かなくておかしいのが分かったのですが、私は知らんぷりをしていました。一人ひとりに手本を書いてまわっていたら、二人の姿が見当たらないのです。こっそり窓から逃げ出したらしいのです。授業が始まってまだ何分もたっていないし、出ていってどうするんだろう。まあ困ったと思ったけども、待っていましょうと思っていました。しばらくすると二人はこそこそ戻ってきました。計画が失敗したらしく、きまり悪そうに頭をかいて席に着いたのです。そのしぐさがおかしくて何ともかわいらしい。私は二人を信じていましたから、叱りませんでした。そのうちに一人がまじめに書き出しました。授業の終わりには、本当に良い字を書いて清書として出してくれました。私はその子の作品のわきに、「あなたは一生懸命に勉強すると、クラスのだれよりも上手に字が書けます。よい字を書いています。もっと勉強しましょう」とつけ加えておきました。それが非常に感じたらしく、その後の授業は真面目にやってくれました。それを見てもうひとりも一生懸命やってくれました。

今、二人は福祉の道に進み、だれよりも学園を愛してくれています。そして学園でもなくてはならない存在になっています。また、二人は父親となり子どもを学園に通わせてくれています。

書道は生きがい

授業の終わりになると、私は感謝の心でいっぱいになってしまいます。こんな歳をとった、おばあさんと一緒に一時間もお付き合いをしてくださったんだなあと思うと、自然に頭の下がる思いがします。ですから、終わりのあいさつは「みなさん、一生懸命やってくれてありがとうございました」とお礼を言います。そして私の祈り以上に満たされて、私はいつでも喜びにひたって帰ります。

学校と私の住んでいる望寮、三、四十メートルしか離れていませんし、歩いてもいくらもかからないのですが、もう何年も前から生徒たちが送り迎えをしてくれています。望寮は校舎より少し高い所に建っていて、校舎前の道路から丸太を横にした狭い階段を上っていくので足場が悪いのです。特に雨の降る日はすべりやすいし、雪が降ればもっと条件が悪くなってきます。福井君や石原君の時（三十四期生が在学していた時）からでしょうか、生徒たちが私を送り迎えしてくれるのです。私の新聞紙で作ったハンドバックを持ってくれたり、帽子をかぶせてくれたり、靴まで履かせてくれます。みんなが家まで送ってあげたいと思っているのが伝わってきますが、望寮までの坂道は狭くて、一列にしか通れません。そこで授業が終わるとみんながついてきて、玄関先で手を振って「さようなら」をしてくれます。それから男の子二、三人で寮の入り口まで送ってくれるのですが、生徒たちはなかなか別れようとせず、家の中までついてきてくれます。

　こんど私が寮の入り口に出てみると、私を見つけて「うめ子先生」と言って手を振ってくれるのです。私は孫のような生徒たちがとてもかわいいのです。私は授業のあるときは張り合いがあるし、とても楽しいのです。歳をとってくると、(ますます)授業のある日が待ち遠しいのです。書道は、私の生きがいなのです。

書道教育を通して

　私はこの学園に来ていろいろなことを生徒から学び、先生方や地域の方々からもたくさんのことを教えていただきました。私は今まで自分を先生だとは一度も思ったことがないのです。生徒と一緒になって勉強しているおばあさんであり、お友達だと思っているのに生徒の方は私を先生だと思って、うめ子先生、うめ子先生と言ってくださる。そこがまた、かわいいのです。私のような未熟で取るに足りない土の器のようなもの[*21]を、神様は校長先生を通して使ってくださったのです。神を畏れ、神様のしもべの一人として、それに応えていかなければならないと思って一生懸命生徒と勉強し、書かせていただきました。もちろん、校長先生は取るに足りない下手な書を取り上げて、書道をお願いしますと言って使ってくださったのは、内村先生、政池先生などたくさんの先生方が信頼してくださったおかげかと思います。ありがたいことで四十年間、ここにおいていただいて書道をやってきて本当によかったと思っています。

四十年間と言いますと長いようだけれども、書道の時間は毎日ではないので、他の教科の時間に比べれば時間数が少ないのです。それでも私は一度も書道の時間をいやだとは思ったことはありませんでした。いつでもみんなと親しくなり、楽しい時間をあっという間に過ごしてしまいます。（私が望寮に）帰るときなどは、みんな仲のよいお友達になっています。温かい愛の触れ合いで教室は満ち満ちています。それは私のような者の書いた下手な書を、子どもたちが喜んで手本にして一生懸命勉強してくれるからです。

校長先生は私の書集に、「心に火をつける」とほめてくださいましたが、それはここの学園でなくてはいただけない言葉です。世間では私を書家だなどという人もいますが、とんでもありません。書道の教師として、ふさわしいものか、どうかもわかりませんが、他に何のとりえもない、もちろん能力も書の力もありませんものを、校長先生を通して使ってくださった神様に感謝しています。それこそ、朝も昼も夜もお礼を申し上げています。もったいないですよ。

そのことはまた、私だけではありません。忠雄も華子も同じですよ。私どものようなごく平凡な欠点だらけの人間を、こうして学園において、今日まで働かせ、用いてくださっていることはありがたいことです。何一つ満足なことのできなかった者をこうして生かして、こんなよい生活をさせていただいていることはもったいないことです。毎日、毎日感謝しています。

＊21 「もろくて弱くて、はかない私たち」のたとえ。新約聖書におさめられた書簡『コリントの信徒への手紙　二』四章七節には「しかしわたしたちは、この宝を土の器の中に持っている。その測り知れない力は神のものであって、わたしたちから出たものでないことが、あらわれるためである」とある。

日本教育新聞社特別賞をもらう

三年生の卒業制作は（高校生活）最後の仕上げとして、毎年色紙を書いてもらっていました。十年くらい前までは一人に三枚ずつ書いてもらいましたが、今は二枚です。昔は、一枚は学校、一枚は家に、一枚は私にお願いしていましたが、今は学校とお母さんに一枚ずつ書いてもらいます。今までにいちばん書きたいと思うことを自分の好きな書体で書いてもらいます。毎年いろいろな言葉を書いてくれます。卒業制作は字が間違っていれば直してあげますが、あとは自由に書いてもらいます。学校に思い出として残すのも、お母さんに見せるのも、どれも自分の成長を見せるために（みな心を込めて書きます）。
校長先生から、表札を書くように頼まれたこともありました。ここに来て、三日後（のこと）でした。校長は、板を削ってそこに「基督教学園」と書いてくれというのです。ほかに誰も書く人がいないし、ほかの誰よりうまいからと言うのです。その看板は学校が焼ける（旧校舎が火事に遭う）までかけてありました。

それにクリスマス、卒業式など学校行事がある度に障子紙に書をしたため展示しました。それが学園の名物なんて言ってくれる人もいました。聖書の言葉とか、内村先生や羽仁先生の言葉、クリスマスには五つほど掲示しました。「いと高きところには、栄光、神にあれ」とか「地には平和」とか聖書の一節を大きく書いて掲示したこともあります。文化祭のときは朝早く起きて、生け花を作り展示したこともありました。

初ちゃんや武男くんたちが書道部のころが、いちばん盛んでした。創立記念日だとか、クリスマスだとか、（近くの）小学校の文化祭だとか、そうしたときにあわせて書道部の生徒の作品を展示したものでした。いまそうした活動をした卒業生の子どもたちが、学園に通っています。

昭和六十三年、日本教育賞・書道教育特別賞をいただきました。副賞として三十万円いただけたこと、東京の帝国ホテルで表彰式があったこと、そして翌年に受賞を記念して開かれた作品展では校長先生がテープカットを担い、多くの卒業生が来てくれたことをよく覚えています。

白寿を迎えて（九十九歳の誕生会）

誕生会は私が八十歳くらいのときから、もう二十年間も生徒たちがみんなで毎年やってくれています。私はみなさんのお世話になっているのですから、誕生会をやってもらうよりも、みなさんにお礼をしたいと思っていました。ですから私が生徒を招いてごちそうをふるまっていましたが、それが今は反対になってしまっています。神様とみなさんの本当の愛の中に今日まで長く生かしていただいておれをしたいというのが私の本当の気持ちです。寒中の一月二十五日が私の誕生日ですが、九十九歳の誕生日はちょうど土曜日でしたから、学校の授業は午前中だけ（ということ）で、生徒たちは午後からみんなでグラウンドにかまくらを作ってくれました。お昼から（作り）始めたのだそうですが、一月はまだ日が短くて、六時間もかかったので、できあがったときはもう真っ暗でした。華子は何回も様子を見に行っていましたが、寒いのにみんな玉の汗を流しながら働いていたと言います。私はもう感激でした。生徒たちは前々から自分たちで計画を立て、自分たちでお金をだしあって私の誕生会をやってくれたのです。そして私を家まで送り迎えする人、会場を作る人、かまくらを作る人、お菓子やごちそうを作る人、掘った雪を外へ運び出す人、周りを積み上げる人など、それぞれの役目を決め準備を進めてくれたのです。私は毎年ケーキを作って持っていきましたが、今は大変なのでお菓子屋さんに頼んで作ってもらっています。お菓子屋さんは、たっぷりクリームを入れて作ってくれます。

毎年、誕生会の時は、生徒たちが私の家まで送り迎えしてくれます。夜は特に冷えるのでカイロをいくつもつけてくれます。足の先から腰から八個もつけてくれて連れていってくれます。そしてかまくらの入り口までいくと、入り口は狭くなっていますが私が入るや否《いな》や、みんなは「ハッピーバーデートゥーユー、ハッピーバースデートゥーユー、ハッピーバースデートゥーユー、うめ子先生」と歌ってくれます。私はもう感激です。（かまくらの）中は広いし電気がついていて明るいですし、私の座るところには敷革が敷かれ、そこにまでカイロをつけてくれていました。みんながろうそくを持ち、かまくらの周りに立ってくれていました。（誕生日会をする部屋の）中には絵やプログラムが貼ってありました。みんな目を輝かせていました。そしてうれしそうにハッピーバースデートゥーユーと歌ってくれました。みんな一生懸命ですから、もう私は感激でいっぱいでした。よくまあかまくらまで作ってくれたものだと感激していたのに、そのうえ心のこもった歓迎ぶりに感謝でいっぱいでした。愛が満ちていてあったかい雰囲気でした。お菓子やごちそうがたくさん並んでいました。自分たちで大きいお菓子を作ってくれていました。お菓子には、誕生日おめでとうと書いてありました。生きていてよかったと思いました。年によってプレゼントは違いますが、福寿草は毎年プレゼントしてくれます。福寿草はお正月に飾る大変おめでたいお花です。町の花屋さんで売っているお花と違い、野生ですからなかなか手に入りません。心がこもっています。生徒たちが雪のないときに山へ行ってどこにあるか見つけておくのです。採ってくる場所も毎年同じではないようです。上級生が下級生に福寿草がどこに生えているか、いつごろ採ってきて、どのように育てたらよいかを伝えているようです。私の誕生日近くなると、雪の下何メートルも掘って福寿草を採ってきて、自分たちの部屋で育て、誕生会の時にはちゃんと花を咲かせ、手入れして持ってきてくれます。花が咲き過ぎても困るから手入れも大変です。花が少ない時期にもかかわらず、私は好きな花を見ることができてうれしくなります。それに私の大好きな八木重吉《じゅうきち》の『雨の音が聞こえる』の詩に曲をつけてみんなで歌ってくれます。

八木重吉『雨の音が聞こえる』

雨の音が聞こえる
雨が降っていたのだ
あのおとのようにそっと世のためにはたらいていよう
雨があがるようにしずかに死んでいこう

みんながその歌を歌ってくれますと、私は感激してしまうのです。だれも分からないようにどこかで働いている人でありたい。それに（続いて）河野進牧師の『一呼吸』「おだまきの花のように母美しくおいたもう」という詞に（あわせて）華子が（曲を）作ってくれた『我が母のみ顔』も歌ってくれました。内村先生は、おだまきの花が大好きでした。

河野進『一呼吸』

どのような苦しみや
悲しみを吸うても
吐く息は
感謝と希望でありますように
一呼吸もみな
天の父さまのお恵みですから

だんだん時間がたつと冷えてきましたが、そのころ『雪やこんこん』を歌ってくれました。私はもう何と言って感謝したらよいか、一生忘れられません。生きていてよかった。みんなの愛が伝わってきます。みんな一人ひとりが輝いて見えます。全員出席してくれていましたし、いい顔してもったいないです。愛が満ちています。信仰の力です。年とってますます本気で考えています。キリスト教の信仰をもっということは自分の罪深さを知ることです。キリストにゆるされた喜びを知ることです。私はすっかり神様にお任せしています。おかげでまた一年、生かさせていただきましたと。

最後は質疑応答で終わります。華子がお礼の言葉を言い、みんなの質問に答えます。

「うめ子先生ホカロンいくつ、つけていますか」

「どこにつけていますか」

「けつ」と（ある生徒が）言ったら「お前、うめ子先生にはもっと上品な言葉を使え」と（ほかの生徒が）言う具合に和気あいあいと進んでいきます。「初めてのデートは、いつでしたか。どんな感じでしたか」（なんて質問もありました）。笑いが絶えません。すばらしかったです。

私は、いつでもあいさつの中であなたがたの温かい愛にうたれましたと（生徒たちに）言います。そういう喜びがあるから、ここにいられたんですよね。大変なこともありましたが、喜びのほうが大きかったのです。誕生会の度に本（文集）も作ってくれていましたし、そこにみんなありがとう、ありがとうと書いてくれてね。別に私が何してやれることもないのですが、習字を教えているだけですけれども、なんとなくそばに行くと安心します。「クラスのみんなの心までが一致することがなかなかなかったのですが、その時はクラスがとてもよくまとまりました。僕たちのクラスが初めて一つにまとまりました。これはうめ子先生の人柄の致すところです」とその日の当番日誌に書いてあったといいます。

「みんなはおばあちゃまに感謝し、おばあちゃまを誇りにしている」と、（華子は）言ってくれるのです。ありがたいです、もったいないです。

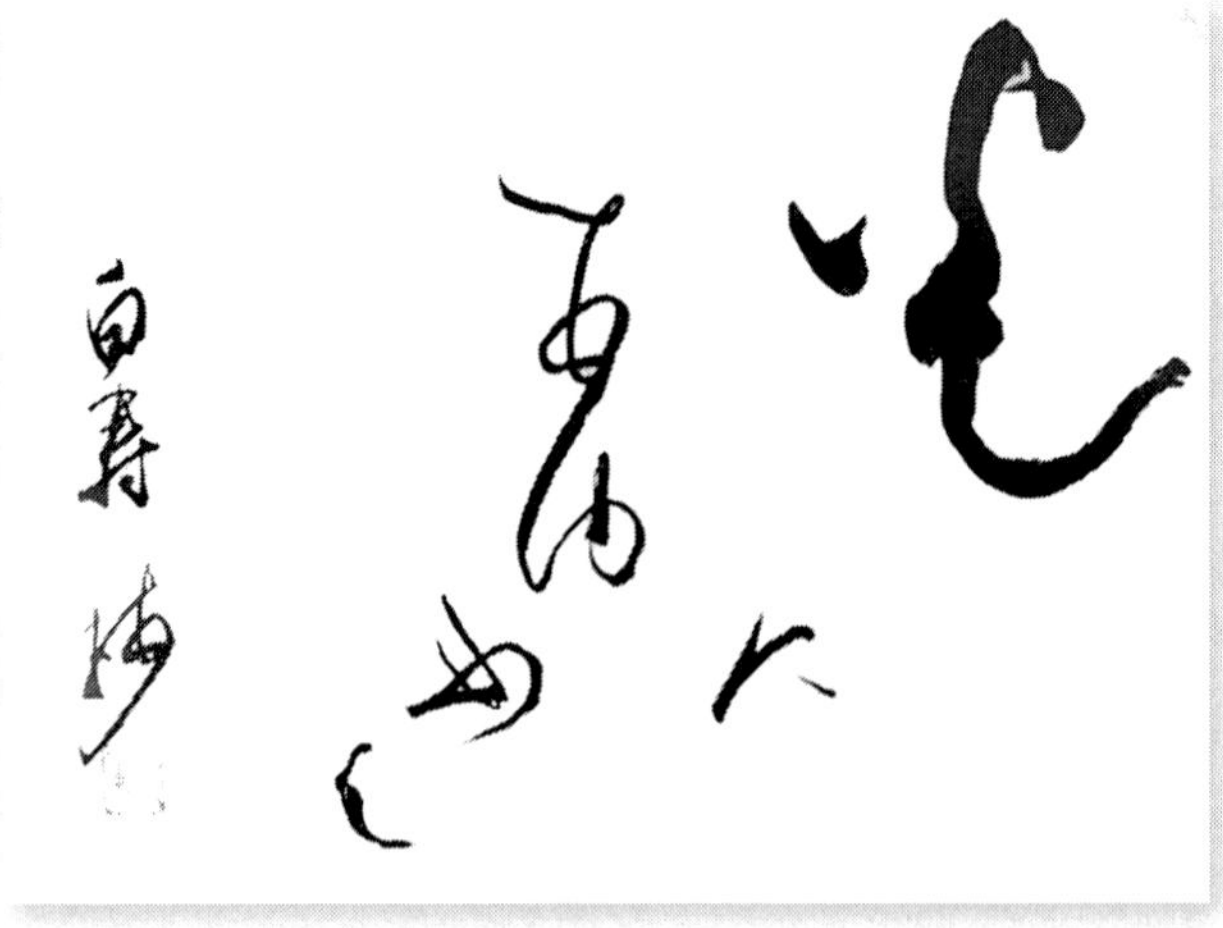

「光にあゆめよ」（讃美歌三二六番タイトル）

今、私は天国座にいます

私は九十九歳になりました。もうすぐ百歳になります。今の私は天国座にいます。今がいちばん平安です。神様にすっかりお任せしていますから、歳をとればとるほど毎日、気持ちは平安になってきています。虫も小鳥もお花もみんなかわいいし、きれいです。今の私には嫌なものは何一つありません。自分がだんだんと天国へ近づいている感じがしています。私は神様のしもべなんだと、ただただ神様の命ずるままに従っています。神様のおゆるしさえあれば、いつお迎えが来てもいいという心境です。今はもうすっかり神様にお任せしていますから、何も考えません。いいように神様のお計らいがあることを信じてまったく安らかな気持ちで毎日過ごしています。

いちばんいいように神様はしてくださることを信じて、いつも安泰な気持ちでいます。すべてが感謝です。

九十九歳というこんな年まで健康をいただいて、朝になればきちんと目が覚めて、きちんと身の回りの生活が一人でできて、神様に朝から感謝のお祈りをささげて一日が始まるのです。その中でたくさんのお祈りをします。自分の愛する親しい人だけでもたくさんします。その中でもまず自分の隣人《となりびと》といえば、華子です。いろいろな人のために何度もお祈りをします。朝も頭の中に浮かぶままに、もちろん自分のことも、あなた様にお任せします、とね。私が少しでも間違っていましたらお叱りくださいますようにと。お祈りが済んで安泰な気持ちで朝のご飯をいただくわけですが、歳ですから量が減るのは当たり前ですが、ありがたいことに私は健康ですし、食欲もあり毎日おいしくいただいています。

この学校でうれしいことは、（私も生徒も学校敷地内の寮で暮らしていることもあって）いつも生徒と一緒にいること。まるで自分の子どもとか孫と一緒に暮らしているようなものです。

そういうわけで、私は天国座にいるようなものです。天国座というのは、お芝居ばっかり観ているんではなくて、自分の日常の生活そのものになっているのです。だから面白いのです。わざわざお芝居を観《み》に行かなくても毎日の生活が天国座であって、自分はその中にいますから面白いですし、生活は楽しいですよ。天国座としてみていますから冷静に見られますし、自分中心でなく、一歩退《ひ》いて見ていますからいつでも平安なのです。

自分を愛するように

自分を愛していない人は、いないでしょう。人は皆、自分を愛しています。その愛を、だれにでもあげなくてはいけません。それが、なかなかできないものなのです。私は歳をとってきて、このごろはだんだんと自分を愛するように、だれをも皆愛さなければならないという思いが深まってきました。いろいろ考えて、自分でマルコ伝の

「自分を愛するように、あなたの隣人をも愛せよ」を書いて掛け軸にし、自分の部屋にかけて毎日それを見てはお祈りしています。私は若いときから毎晩寝る前に聖書の詩編四編八節を開き、「私は平安のうちに横たわり、そして眠ります」とお祈りして、それからぐっすりと休ませていただいていましたが、このごろはだんだんと自分のことよりも、他人のことをお祈りすることが多くなってきました。ところが、このごろ自分の書いた掛け軸の字を見て嫌になってしまうんです。「自分を愛するように、あなたの隣人をも愛せよ」

これは自分という字が、あなたという字よりも上にきているんです。よくないなあと思っています。書くときは、まず書体や字配りを考えて書くものですから、そんなに意味深く考えて書くわけではありません。自分を上に書いて、あなたがちょっと下がった方が芸術としては面白いですね。今になって考えてみると、「あなたの隣人を愛せよ」が上にきていればいいんですがね。それでもまたじっくり考えてみると、人はだれよりも自分をいちばん愛しています。自分を愛するようにあなたの隣人を愛せよといったところで、それはなかなかできるものではありません。ですから、私はいつもそのことを祈りの中にいれているのです。これは私の生涯の課題です。

今、私のいちばんの隣人と言ったら、それはいつでも一緒に生活している華子です。私は、華子を嫁だなどと考えてはいません。親子、兄弟などというものでもないのです。それは口では言いようがない、どちらももうなくてはならない存在で、水や空気と同じです。一緒にいれば、お互いに心が安らいで自然にそうなっています。それでも正直言って自分と同じには愛せないのです。華子を愛することだって難しいのに、誰をもとなると、なお難しくてできません。

今、七人の子どもがいるとします。三人が私の子どもで、四人が他の人の子どもだとします。だれでも本当は自分の子どもがかわいい。でも、同じに愛してくださいといつも祈りますと、自然と祈りが神様の心によって少しずつかなえられていきます。

若い人が言う好きだ嫌いだと言う愛は、嫌いになれば憎くもなるでしょうが、本当の愛というものは、自分を犠牲にしても隣人を愛することです。だれをも愛す、敵をも愛す、それは願いであり、祈りです。

私など自分の罪深さを毎日、神様におゆるしを願っています。そうしないと私はゆっくり眠れないのです。夜、お祈りするのです。自分の体をどうしていいか分からないくらい恥ずかしくて、手をついてゆるしを請うて泣いてしまいます。

愛

一日一生

「一日一生」は内村先生の言葉で、字に書けば簡単ですが、一日一日が大事でかけがえがないという深い言葉です。私は九十九歳というこの歳まで健康をいただいて、いつお迎えが来てもよろしいですけれども、ときどき反省するわけです。いつお迎えが来てもいいと偉そうに言うけれども、まだまだ足りないことばかりです。まだ問題だらけですので、これでいいのかなあと神様とお話します。反省するということはまだ愛が足りないということで、最後まで信仰を全うするということです。私がいろいろと苦しんで考えているときに、神様は必ず声をかけてくださる。それは実に愛の言葉ですけれども、何も心配することはないよ、ただ黙って私についていらっしゃいと言います。そうだ、私は神様のしもべなんだもの。黙って神様のご命令のままについていけばいいのだと思う。最近はそういうことを考えていますから、気持ちが非常に穏やかで、自分ながら穏やかで本当に不思議ですね。そうだ、自分はこれまで信仰を教えていただいていながら、まだこんなに至らないのかと思う。神様のご命令のままについてまいりますと、もうひれ伏して穏やかな気持ちになっています。もう最近はそういうことが続いていますから、非常に穏やかです。

一日一生

その後のうめ子先生

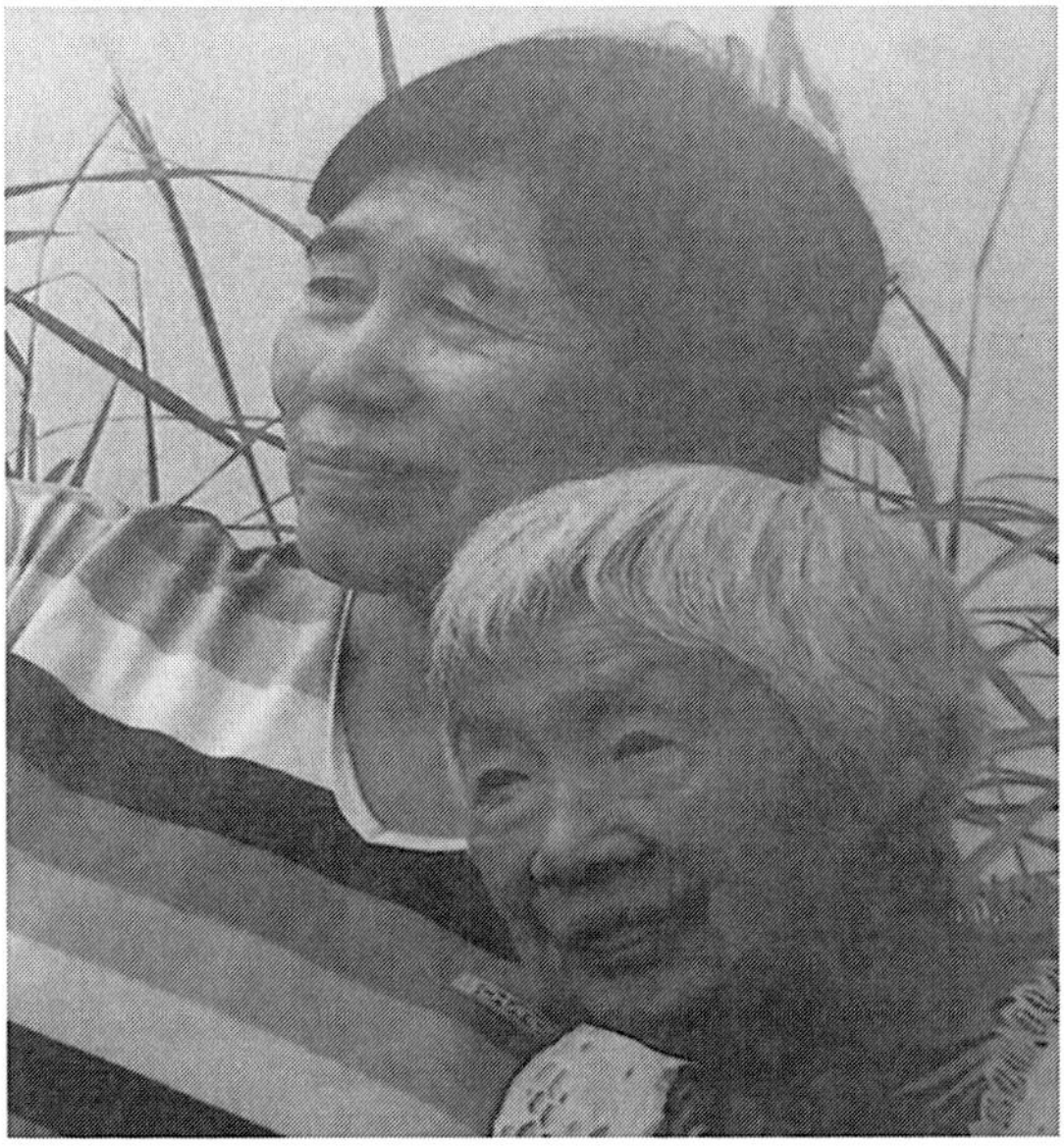

華子先生とうめ子先生

九十八歳のときでした。うめ子先生は（著者である私に）、こんな詩を色紙に書いてくれました。

祈りつつ
聖書　読みつつ　働きて
この世の勤め　終わらんとす

その後もうめ子先生は健康で、私にも喜んでお会いくださいました。
平成元年、入院されていたうめ子先生を見舞いに行きました。先生は小国病院の明るい個室で、明るい笑顔で迎えてくれました。華子先生と、うめ子先生の取材を続けられていた日本テレビの佐々木ディレクターも病室におられました。そのとき先生は、再び私に詩を書いてくれました。

その後も入院生活が続いたうめ子先生の病室を、再び訪ねました。そのときの書は、前回と違っていました。

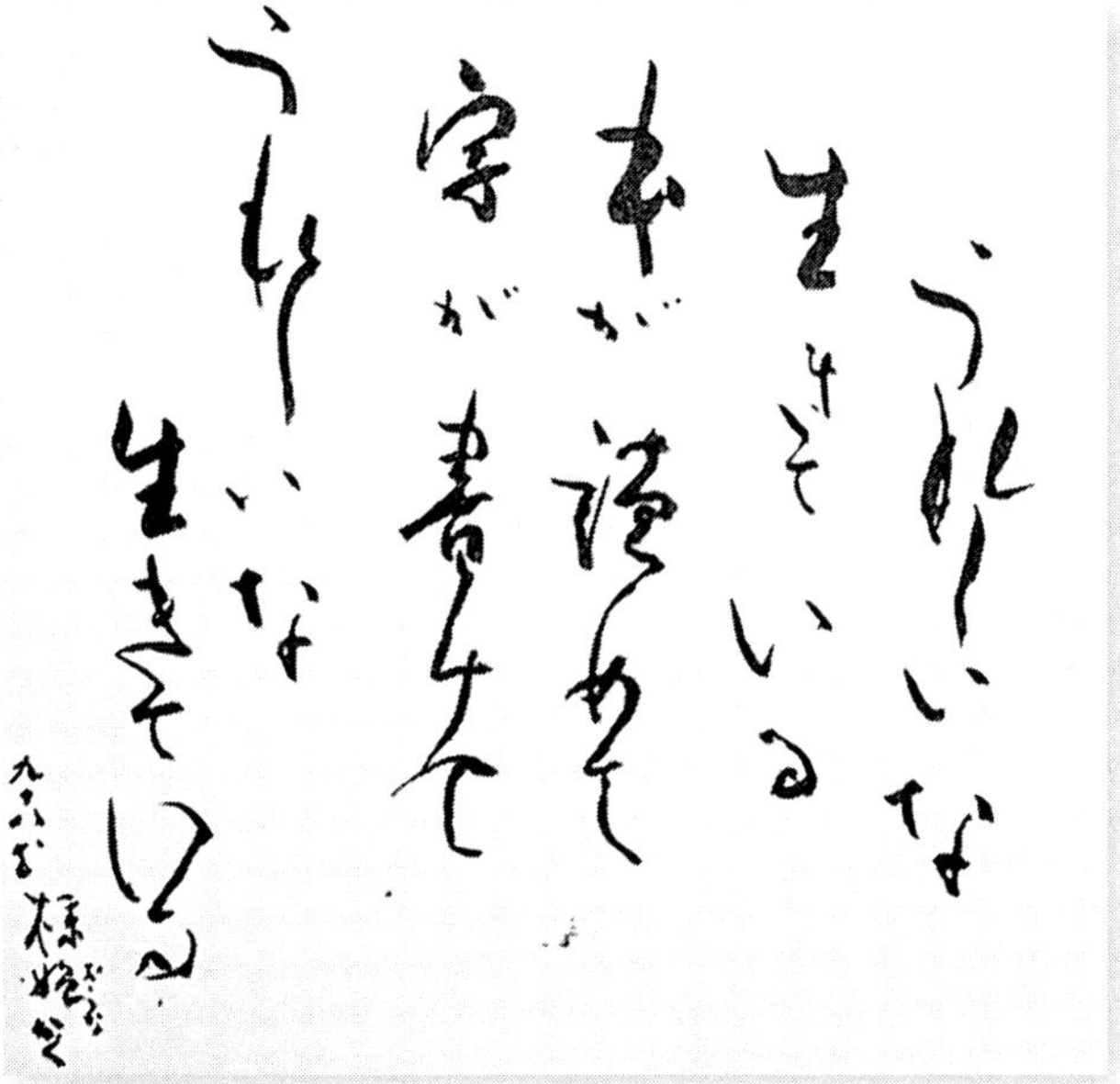

うれしいな
生きている
本が読めて
字が書けて
うれしいな

うれしいな寝て遊んでいて
夢でも見ているのかな
そうでないよ神様のご褒美

病院にいて二、三日して今日はまた違っていると言い、あらためて書いてくれました。

うれしいな少し病気になって
手が振るいおもしろい
ちょっと寂しい気もあるけれど
でもこれでいいのね
思い上がらないで生きましょう
感謝、感謝

退院し自宅に戻られた後に書かれたものは、それまでと少し違っていました。

お花が色とりどりに
お盆にさしてある

不幸せの反対
幸せなおばあさん
神様のお話は続いていますか
Ｙｅｓ、大いに続いていますからご安心を
カカと私に当てた手紙ね。
一筆しめしまいらせ候

うめ子先生の神様への手紙
病院のベッドに横たわりて
思い煩うこともなく
神様がお与えくださった御恵みと
ただただ感謝しております
愛の神様　ありがとう御座います
憐れにも信仰うすき
お恥ずかしきしもべをお見捨てなく
最後までお助け下さいますように

あなたさまにしもべは
しっかりとしがみついています
アーメンアーメンアーメン
（一九九一年、小国病院のベッドにて）

神様のご褒美を素直に喜んでおられた。文字どおりいのちの喜びです。
うめ子先生が亡くなってから「うめ子先生の絶筆が見つかりました」と華子先生が教えてくれました。

もうすぐ　お別れのときよ
あら　かねの音が　聞こえるわ
みんな　みんな　みんな　みんな
よし　よし　よし　よし　うめ子　百歳

百歳になり天国へ召されるとき、うめ子先生はこんな詩を書き残していったのです。

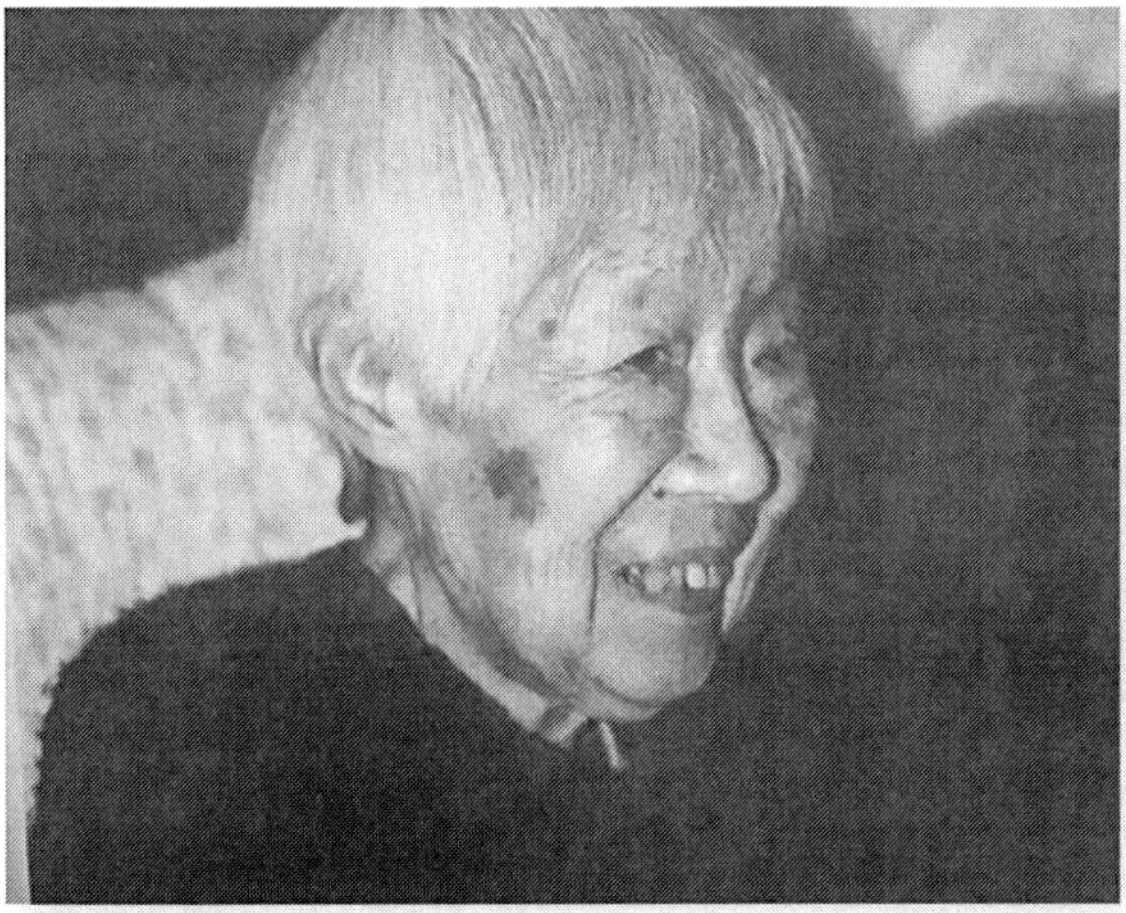

巻末資料

桝本うめ子　関係年表

一八九二	清水家の長女として、横浜市で誕生
	生後すぐ、幼児洗礼を受ける
一九〇四	フェリス女学院予科　入学
一九一〇	桝本重一と結婚のため、フェリス女学院本科を中退
一九一一	長男・誠一　誕生
一九一三	長女・道子　誕生
一九一四	次男・忠雄　誕生
一九一五	長女・道子　死去
一九一七	次女・孝子　誕生
	重一が海軍を退役し、一家で長崎三菱造船所に転勤
一九二五	重一、三菱東京本社に転勤
	（うめ子ら母子は重一の実家で暮らしたのち、
	翌年に東京の重一のもとへ）

一九二六	重一、鉄道事故で急死 うめ子、重一の葬儀の司式をお願いした縁で内村鑑三に出会う
一九二八	孝子、自由学園に入学 鈴木弼美が誠一・忠雄の家庭教師になる
一九二九	誠一・麻布中学を卒業し、明治学院入学
一九三〇	内村鑑三、死去
一九三一	一家で杉並区成宗に引っ越し
一九三二	忠雄・麻布中学を卒業し、慶応義塾大学予科入学
一九三四	鈴木弼美、基督教独立学園設立
一九三五	誠一・旭川騎兵連帯入隊（三七年に除隊）
一九三七	孝子、鈴木茂と結婚
一九三八	忠雄・慶応義塾大学法学部卒業　三菱石油入社後すぐに砲兵隊入隊
一九四一	一家で杉並区馬橋に引っ越し
一九四三	誠一、稲見芳子と結婚（翌年、再び召集される） 忠雄、中国戦線で負傷し帰還

一九四三	忠雄、芦谷華子と結婚（翌年、再び召集される）
一九四四	誠一の長女・絵理子誕生
	うめ子、芳子、絵理子、八木に疎開
一九四五	終戦　誠一、忠雄、除隊し八木へ
	うめ子ら、八木で水害に遭う
一九四六	忠雄、筑波の開墾地に入植
	誠一、芳子、絵理子と東京に移る（うめ子は筑波へ）
一九四八	忠雄の長女・安子誕生
一九五〇	洪水で開拓地の畑が冠水
	忠雄の長男・潤誕生
一九五一	うめ子一家、小国へ（戸主《こしゅ》は忠雄）
一九五二	わかば会発足
	忠雄の次男・進誕生
一九五五	朝日新聞山形版、つづいて全国版で独立学園が取り上げられる
	（全国版紙面を見た鳥川さん来訪

	学園職員になり二年にわたり勤める）
	進の行方不明事件
一九六〇	旧校舎が火事に（以後、全国から救援物資が届く）
	望寮（男子寮）、平和寮（女子寮）完成
	うめ子一家、望寮舎監室に入る
一九七五	忠雄、蛾の採集中にコスモス寮屋上から転落
一九八〇	忠雄、死去
一九八一	華子、インドにあるマザー・テレサの施設を訪問
一九八四	日本テレビ・ドキュメンタリー番組『雪の中の家族』で、うめ子らが取り上げられる（八七年、九〇年、九二年にも、日本テレビでうめ子を取り上げたドキュメンタリー番組が放送された）
一九八八	うめ子、日本教育新聞社「第四回日本教育賞・書道教育特別賞」受賞（翌年、日本書道美術館で受賞記念作品展が開催される）

一九九二	うめ子、死去 日本テレビで「うめ子先生 一〇〇歳の高校教師」放送
一九九三	書道の授業や授業後の見送り、誕生会のもようが放送される 「空の鳥を見よ 桝本楳子書集 百歳昇天記念」発行
二〇二三	「草にすわる 桝本楳子先生記念文集」発行

参考文献

「基督教独立学園年表：前史1899～1947：学園史1948～2000」（基督教独立学園）
「草にすわる　桝本楪子先生記念文集」
藤尾正人（著）「桝本うめ子・一世紀はドラマ」（燦葉出版社）
佐々木征夫（著）「うめ子先生　一〇〇歳の高校教師（日本テレビ放送網）
武祐一郎（著）「雪国の小さな高校　基督教独立学園校長7年の歩みから」（新教出版社）
内村鑑三（著）「内村鑑三全集35　日記3」（岩波書店）
佐々木冨泰・網谷りょういち（著）「事故の鉄道史—疑問への挑戦」（日本経済評論社）
関根正雄（著）「内村鑑三 新装版（Century Books. 人と思想；25）」（清水書院）
内村美代子（著）「晩年の父　内村鑑三」（教文館）

作者あとがき

桐生 清次

私が桝本うめ子先生に初めてお会いしたのは一九九〇（平成二）年七月、うめ子先生が九十七歳の時でした。そのころ私は鈴木弼美先生の生涯についてのお話をお聞きするために、お訪ねしていました。鈴木先生から独立学園のことをお聞きしていると、桝本先生ご一家のことをよくお話されました。そこで私は鈴木先生をお訪ねした後に、うめ子先生のお話をお聞きにうかがいました。初めてお会いしたときのうめ子先生は、実に美しかった。

うめ子先生は望寮のいちばん奥の部屋で、華子先生と一緒に質素な生活をしていました。「家に大きい蛇が入ってくるときがあるんです。私はびっくりして大声でおばあちゃまを呼ぶと、『ちょっとちょっと、あんたはどうぞどうぞ、そちらへそちらへ』と言って手で追うものですから、蛇はそっと出て行くんですよ。それにここは山の中ですから寒くなるとカメムシが入ってきます。するとおばあちゃまは『あんたは何も悪いことはしませんから、ちょっとそちらへ』と言って逃がしてやるんです」と華子先生は笑って言います。

その後、鈴木先生が昇天なされ、うめ子先生もお年でしたから、先生がご健在なうちにいろいろなことをうかがいたいと思って、うめ子先生のもとに通うようになりました。「私は昔のことなんか言うことは嫌いですが、聞かれれば思い出して言う（答える）だけです」とうめ子先生は言います。

美しく老いたうめ子先生の姿に、私は何ともいえない心の安らぎを覚えました。うめ子先生は少しも気負いがなく、自分を飾ることもしない。あるがままの生活をされていました。

「私はいつでも楽しみばっかりで、このごろは天国座にいます。自分の日常生活そのものが天国座になっています。だからおもしろい。わざわざお芝居を観に行かなくても、毎日の生活そのものが天国座であって自分はその中にいますから、おもしろいし、楽しいですよ」と言います。

一日一日をよく生きなければ美しく生きることなどできない。その美しさの秘密は一体どこにあるのだろうか。そのことを知りたくて私はうめ子先生を何回もお訪ねして、その時の心境をお聞きすることとなりました。

うめ子先生と私のお付き合いは短いものでしたが、私はうめ子先生からたくさんのことを学びました。華子先生が「おだまきの花のように母美しくおいたもう」と詩に書いておられたこと、うめ子先生のようになれるなら私も早く歳をとりたいと話されていた先生の教え子の話が印象的でした。

うめ子先生は、いつも謙虚に生きておられました。「こんなけちばばあ、すっかり神様にお任せして、いつお迎え来てもいいように」と話されます。

「ただひとつ心配なことは、神様がおゆるしくださるかどうかだといいます。今いちばん考えていることは、私のようなものをこの学園においていただいて、まだ一線に立たせていただいて、到底自分ではできることではないのに神様のみ心だと思って感謝しています。

私の母は、プロテスタントのクリスチャンでした、私も、フェリス女学院を出たクリスチャンでした。それが内村鑑三先生に出会い、内村先生から純真な信仰をいただいて、今までの自分の信仰がいかにいいかげんなものであるかということが分かったのです。今も私はクリスチャンですが、いまだに私の信仰がこれでいいなどと思ったことは一度もありません。毎日生まれ変わっていかなければなりません。これでいいなどという日はありません。ですから、寝るとき私は自分の罪に対して毎晩泣きながらお祈りする。神様に自分の罪に対しておわびするわけだから、毎日同じ日はない。神様の前で歳をとればとるほど、ますます本当にこれでいいなんて一日もない。だけれども、それではいらいらしていて安心もないかというとそうでもない。すっかり神様にお任せして平らな気持ちがありますから。

毎日毎日、砕かれて砕かれて叱られて、恥ずかしいです。今日と明日と自分も生まれ変わっていかなければなりません。
一日一生、その日その日を本当に最後だと思ってちゃんと生きていかないといけないなと思っています」

私はいつのまにか、うめ子先生のとりこになっていました。

編者あとがき

これは、「天国座からの景色」　金子あつし

編集を担当しました金子あつしです。

ここまでお読みいただき、ありがとうございます。

私自身視覚に障害があることもあり、「最後の瞽女《ごぜ》（盲目の旅芸人）」小林ハルさんに関する本を出してもらいたいと作者の桐生先生にお手紙をお送りしたところ、縁あってこの本を手がけることになりました。

読んでみて、どのように感じられたでしょうか。

私としては、まずうめ子先生の記憶力のよさに驚かされました。ご家族や学園の方、『桝本うめ子　一世紀はドラマ』を上梓された藤尾正人《まさひと》先生にご自身の身の上を語ってこられたという事情があるとはいえ、九十八歳を超えてなおこれだけ記憶されていたことに驚きです。

とはいえ、記憶され語られたことと事実が少々違っていると思われる箇所もあります。

野暮かなとも思いましたが、ここでは語りと事実、どんなところが違っているのかを挙げてみたいと思います。

まず、名前が違います。「うめ子と名づけられた」とありますが、戸籍名は「む免《うめ》」です。戦前は必ずしも戸籍名を名のるとはかぎらなかったようで、もっともよく使っていた「うめ子」を戸籍名だと勘違いされていたのかもしれません。

またこれは違いではありませんが、うめ子先生が話されるときの年齢は、すべて出生時を一歳とする「数え年」。だから「九十九歳の誕生会」は、満年齢では「九十八歳の誕生会」ということになります。それでも、「百歳まで生きた」というのは間違いありません。

母親は紅蘭女学校出身とありますが、厳密にはその前身の和仏学校のご出身です。

またこれもずいぶん細かいことですが、父親の仕事ぶりについて桐生先生に語られたことと、『桝本うめ子　一世紀はドラマ』出版にむけ藤尾先生に語られたことがずいぶん違います。『桝本うめ子　一世紀はドラマ』では「父は商いではなかなかのやり手」とありますが、こちらの本では（母は）「英語が堪能で父と違い商売が上手」百八十度違うと言っても、過言ではないですね。清水洋行に関する資料が見当たらず、お父さまがどのくらい事業に関わられていたのか定かでありませんが、この本には「実家の父はすでに亡くなっていましたが、貿易商でしたので孫のために当時としては驚くほど高価な船来品をいろいろと買ってくれていました」ともあるので、お父さまは長年積極的に事業にかかわっていたのだと思います。一方で、うめ子先生にはお父さまをよく思えなかった事情があり、年月を経てお父さまへの見方が変わっていったのでしょう。

夫となった重一さんについても、事実とやや異なるのではないかという箇所がありま す。まず「博士号を三つも持っていると私は聞かされていました」とありますが、一八八七年に公布された「学位令」でもうけられた博士は五つ（法学博士・医学博士・工学博士・文学博士・理学博士）であること、工学博士・理学博士以外の博士号を取得する機会はあっただろうかと考えると、「三つも」取得されたとは考えにくい。お見合いで義父母が重一さんをうめ子さんに紹介する際に、「この子は博士号を二つも三つも持っていて」と言われたのを信じられて、「三つも」となったのではないかと思います。

事実と大きく異なるのが、「御前講義」です。おそらく重一さんが三笠宮さまの前で講義をされたのであって、大正天皇の前で講義をされたのではないと思います。「御前講義」の時期は、すでに天皇陛下のご体調が悪く静養されていたことがその理由です（その後体調が回復されることなく、崩御された）。陛下のご体調が思わしくないことが広く国民に知られていた時期であることを考えると、「本当は陛下への御前講義ではなかったので、それが分かる人はつっこみを入れてね」くらいの思いで話された「ネタ」だったのではないかという気もします。

それ以外は、烏川さんが意を決して登ったのが石切り場ではなく飯豊山だったということを除けば、ほぼ正確だと思います。

時代の移り変わりにより、変わっていったものもあります。

うめ子先生がお孫さんを連れて歩いた市野々、下叶水、上叶水の一部に横川ダムができ、かつてあった集落の一部はいまやダムの底です。

また、二〇二二年八月三日から四日にかけて発生した集中豪雨の影響で、米坂線の今泉〜坂町間は現在も運休しており、伊佐領駅・小国駅までの列車は運行していません（今泉―小国間、坂町―小国間は代行バスが利用でき、小国駅から独立学園まではデマンドタクシーで行くことができます）。

そんな変化はありますが、基督教独立学園では現在も建学の理念を大切にし、少人数教育を続けられています。

うめ子先生の語りには、一度も「絆」という言葉が出てきませんでした。しかし、これはまぎれもなく家族の絆、先生と生徒の絆が描かれた「天国座」での一幕であったと思います。満足いただけていたら、うれしいです。

本書刊行にあたっては、うめ子先生のお孫さんである桝本安子さん、桝本進さん、桝本潤さん、基督教独立学園校長の後藤正寛さん、元校長の助川暢《のぶ》さん、浜松聖書集会の武井陽一さん、『桝本うめ子　一世紀はドラマ』著者の藤尾正人さんにお力添えをいただきました。ありがとうございました。

※二〇二三年十二月一日より望寮の解体工事が始まる旨、基督教独立学園のホームページで発表がありました。「桝本忠雄先生・楳子先生・華子先生の住まわれたその一角は、生徒は言うに及ばず、卒業生・教職員・生徒の保護者・村の人々とってのオアシス・命の泉」であった一方、「建物の老朽化が進み、住居はもちろん、ここ数年は宿泊施設として使用するにも危険を伴」う状態だったことにくわえ、「毎年の除雪作業は、生徒にも職員にも大変な労力を強いるものになって」いたことが、解体の背景にあるそうです（「」部分は、独立学園ホームページより引用）。

「オアシス・命の泉」がなくなりさみしい思いをされる方も多いかとは思いますが、本書がそんな「オアシス・命の泉」に思いをはせる一助になればと思います

（二〇二三年十二月六日追記）。

著者略歴

桐生 清次（きりゅう せいじ）

一九三三年、新潟県生まれ。日本大学卒業後、東京大学で教育心理学を学ぶ。

一九七〇年から新潟県で特殊学級（現在の特別支援学級）を担任し、新潟大学教育学部非常勤講師を務める。

一九九四年、社会福祉法人七穂《ななほ》会虹の家園長（管理者）就任。法人内に三つの福祉施設をつくったほか、企業と施設、行政の三者事業連携（トロイカ方式）によるクラレ作業所（現在のKuraray作業所）創設に尽力する。一九九八年から、十年にわたり社会福祉法人七穂会理事長を務める。二〇一九年六月、八十五を迎えたのを機に社会福祉法人七穂会を退職。現在に至る。

（おもな著書）

『次の世は虫になっても：最後の瞽女小林ハルロ伝』（柏樹社）※NHK-FM放送「FMシアター　次の世は虫になっても　瞽女・小林ハルの人生」原作

『そこにいのちのあるかぎり　だれもが己の人生を生きる今日を目指して』（文芸社）

『障害者雇用のパイオニア・渡辺トク伝　洗濯屋女社長94年の道のり』（ミネルヴァ書房）
『最後の瞽女　人間国宝小林ハルの人生』（文芸社）※映画『瞽女GOZE』（監督：瀧澤正治《まさはる》
第二十三回ハンブルク日本映画祭　観客賞受賞）原作
人物像にせまった本として、川野楠己《くすみ》（著）『きみに働ける喜びを：知的障害者通所就労支援施設・虹の家園長桐生清次の歩みと思想』（鉱脈社）がある。

（おもな受賞・受与歴）
公益財団法人社会貢献支援財団　平成二十二年度　社会貢献者表彰
第四十四回毎日社会福祉顕彰
全国社会福祉協議会　会長賞
第五回塙《はなわ》保《ほ》己《き》一《いち》賞　貢献賞
第六十七回新潟日報文化賞
平成二十年度　障害者雇用優良事業所等の厚生労働大臣表彰（障害者の雇用の促進と職業の安定に貢献した団体又は個人）
内閣府「障害者週間」障害者関係功労者表彰
平成元年　春　瑞宝双光章

編者略歴

金子あつし（かねこ あつし）

著者・編集者

一九八三年、福井県生まれ。静岡県浜松市在住。著書に『風疹をめぐる旅～消される「子ども」・「笑われる」国～』『今日もゲームの世界にいます』（どちらも読書日和刊）

本書編集にあたり無教会について知り、浜松聖書集会に通うようになる。